寻根溯源学汉字 轻松易懂又有趣

# 一字一世界

④

D-E-F

颜煦之 著

认识汉字·理解汉字·掌握汉字·运用汉字

湖南教育出版社

图书在版编目（CIP）数据

一字一世界. 4. D-E-F / 颜煦之著. —长沙：湖南教育出版社，2019.4
ISBN 978-7-5539-6411-9

Ⅰ.①一… Ⅱ.①颜… Ⅲ.①汉字—通俗读物 Ⅳ.①H12-49

中国版本图书馆CIP数据核字(2018)第232496号

| | | |
|---|---|---|
| 责任编辑：李 好 | 丛书策划：申晓华 | 审读统筹：申晓华 |
| | 版式设计：申曜年 | 责任校对：周海香 |

## 一字一世界 4, D-E-F
YI ZI YI SHIJIE　4, D-E-F

出版发行：湖南教育出版社
　　　　　（地址：湖南省长沙市韶山北路443号　邮编：410007）
经　　销：全国新华书店
印　　刷：北京盛通印刷股份有限公司
　　　　　（地址：北京市经济技术开发区经海三路18号）
版　　次：2019年4月第1版
印　　次：2019年4月第1次印刷
开　　本：787 mm×1092 mm　1/16
印　　张：13
字　　数：160千
定　　价：39.80元
书　　号：ISBN 978-7-5539-6411-9

## 序

为他人写序无数，还从来没有一次像写这个序那样踌躇，那样焦虑，那样迟迟不能下笔，一再延宕。本是一件"轻而易举"的事，却总是不能完成，几乎日日纠结在心。自己都觉得奇怪。今天，终于坐到了桌前。因为，实在不能再拖延了——那边在急切地等着发稿呢。

造成如此状况，大概是因为我和煦之先生的友情实在太深、太浓、太厚了——总想写一个对得起朋友的序，正是这番对友情的特别在意，使得自己反而一拖再拖难以落笔了。

其实，这个序写得好或坏是无所谓的，甚至可以没有这个序，因为，他做的事，白纸黑字都明明白白地摆在眼前，其价值和意义是不用人再絮叨的。写个序，只是戴个"帽子"，不至于看上去太"秃"罢了，将区区一个小序看得那样"严重"，实在没有必要。

两年前在南京与煦之先生相会，他送了我一套他著的趣谈汉字的书，厚厚四册，我当时十分吃惊。回到酒店，埋在沙发中翻看，见他做的竟然还是含了学术——甚至是很学术的事情，更是吃惊。后来，我遇见谁都会提起这套书，一说书的妙、书的趣；二说煦之先生做事总不按常规，动不动就干出出人意料的事情来。不久，与好友方国荣先生谈出版之事，听他兴致勃勃地说要做一套关于汉字与人生方向的书，便立即将煦之先生的著作介绍给他。他也吃惊不小，很快就和煦之先生联系上了，没想到煦之先生竟神奇地又成就了一套方国荣先生心中所希求的新书。

此套书共十一册，还是关于汉字的。

细想想煦之先生做成此事，其实也无令人吃惊之处。他这个人，既是性情中人，又是一个执专心的人。一旦决定做一件事了，天底下也就只有这样一件事了。雷打不动，五头大牛未必能将他拽回。若是在夏季做事，你都能想见他干活时的样子：将门关住，短裤背心，甚至赤膊上阵，宽阔的脑门子上汗津津的，短而厚的手捉住笔就不肯放下，困顿时冲冲凉水澡，拍拍胸脯，拍拍脑门，提提神，接着再干。你以为他做的事，总出乎情理，而事实上，他做事就像他的体型一般稳重，方而正。这也是他的品格。

这一回，他的事做得有点大。

汉字文化，是个大题目，是一个意义非凡的大题目。九年义务教育新课程标准已经出台，与此前课标相比，其中一条被特别强调：要使学生懂得，汉字不只是一种纯粹的书写符号，也蕴含深厚的文化。煦之先生的研究事先当然与新课标毫无关系，只是他的思考与新课标的新维度暗合了。这也许是真知灼见者的不谋而合——所谓"英雄所见略同"。这套书，无意中可成为日后学生和语文老师学习、讲解语文的难得的参考书籍。

汉字是中国人极端聪明、非凡才智的结晶。有人在拿它与种种拼音文字进行比较时，故作深刻地说拼音文字是高度抽象能力的结果，那意思是说人家的东西要比我们的技高一筹。此等说法，不免肤浅。他们将象形文字的汉字，看成了依样画葫芦式的幼稚了，殊不知它的抽象能力其实是无与伦比的。这一个个神秘的方块字，无所不能，说事说理，皆妙不可言。我们可用它最完美地叙述这个世界，也可用它阐述这个世界上最精辟的原理和哲思。它的高度活性，字与字之间的微妙差异以及组词之后的无限能力，是任何一个熟练掌握它的人都会感到惊讶的。它是"魔方"。具象与抽象的完美统一，已抵达天造地设般的境界，使人觉得它本是造物主所使用的文字，是天然的。

更妙的是，一个个字，并不只是说事说理的符号，它们自身就是有意味的，甚至是有无穷意味的，一个个都是可以加以解读和欣赏的。从它们诞生的那一刻开始，它们就负载了若干意味。它们在不断变形的过程中，还暗含了历史的变迁。到了今天，每一个字，都有它的历史。"一字一世界"，还不抽象吗？抽象程度还要多高？可它确实又是形象的，因此，它与别种文字相比，又有了一个特殊的功能：审美。

它直接产生了一门艺术：书法。

从古至今，那些书法大家，用他们各具特色的书写，为我们提供了一个丰富的艺术世界。这个世界陶冶了中国人的性情，提升了中国人的生命境界。

煦之先生对汉字的认识价值和审美价值的理解与分析，就在这十一册书中。

写到此处，我忽然想起两件事来。一件是，好几年前，有个思维独特的年轻人四处奔走，并到处分发传单，说他经过长时间的研究发现，以英语为代表的拼音文字，其实也是一种象形文字。可是没有一个专家理会他。现在，这个年轻人不知到哪里去了，不知是否还在坚持他的"异端邪说"、继续他的"荒唐"研究。另一件是，一个大规模的制作和推广英语电子词典的公司的老板，向我展示了他的研究成果。他的研究成果与那个年轻人的结论一致，只是更加学理化：英语，也是一种象形文字。他当场向我解读了一个个英语单词，告诉我它们都是"象形的"。这个老板是学英语出身的，我当然不敢苟同他们的看法。但这两件事，倒使我看到了一个认识上的变化：作为象形文字的汉字，倒成了人家比附的文字了。

进入汉字魔方吧，其乐无穷。

2014年11月1日于北京大学蓝旗营小区

曹文轩，当代著名作家，精擅儿童文学，任北京作家协会副主席，北京大学教授，现当代文学博士生导师，儿童文学委员会委员，中国作家协会鲁迅文学院客座教授，是中国少年写作的积极倡导者、推动者。主要文学作品有《山羊不吃天堂草》《草房子》《天瓢》《红瓦》《根鸟》《细米》《青铜葵花》《大王书》等。

# 自序

当你拿起这本书，翻到这一面，我们就算有了一面之交。我很想拉着你的手，跟你聊两句。不多，就这么几句。

我这人一生与书有缘：读书、教书、编书、写书、出书、卖书、藏书……虽然如此，而今我却还是常读错字、写错字、用错字，还有很多不认识的字。究其原因，跟自己菲才寡学、天资愚钝有关。另外，恐怕跟汉字既多又难认难记有关。

汉字大约有十万个，常用的虽然只有三千来个，但要记住却非易事。据说，外国人把最难办的事说成"这比学汉字还难"。正因为此，近几十年来，国家成立专门机构，搞汉语拼音和汉字简化。

如今，全球有数千万"老外"学汉语，加上母语为中文的华人，使用汉字的多达十四亿人。怎样让这么多人轻松愉快地学汉字，是件十分有意义的事。我愿为此稍尽绵薄，所以编写了这本书。

汉字，是世界文化的明珠，是中华民族的骄傲。汉字，是先民们历经数千年，把对自然和社会的认识，巧妙地移植到一笔一画上而形成的。汉字，源远流长，魅力无穷，超群绝伦，华夏儿女应该发扬继承。

汉字，不仅仅是符号。对汉字，光凭眼睛看是不够的，形、音、义三位一体，那得细细品味，慢慢咀嚼，才能品出味儿来。有些字，是一幅生动的图画；有些字，是一个有趣的故事；有些字是一段复杂的历史；有些字，说的是生活常理；有些字，谈的是科学道理；有些字，讲的是深刻的哲理。每一个字，都值得我们欣赏、品味和探讨。若三五同好，聚在一起，谈古说今，咬文嚼字，得其三昧，那真是其乐无穷。

前人和当今有识之士，对汉字做了大量深入的研究，著述浩如烟海，硕果累累。作为门外汉，我不揣冒昧，也挤将进来，凑个热闹。

我将两千多个常用字，以科学分析和有趣故事相结合的方式，编写成这套书。我所讲解的每一个字，分为前后两部分。前半部分，我将这个字的形成、演变过程以及字形、字义、读音作简要介绍。凡此，仁者、智者，各有见解。我博采众长，或综合为一，或分别罗列，任君选择。后半部分，我以小故事等形式，更形象、更生动地来解释这个字的形、音、义。我不仅讲这个字的用法，而且讲这个字的结构特征，讲这个字笔画的用意，讲这个字和相似字之间的区别。我还特别注意解释字的读音，以便区别这个字与其它谐音字之间的区别与联系。我讲了两千多个汉字故事，与这些故事相关联的汉字有六千多个，几乎包括了所有的常用字。这便是字中有字，这才是真正的汉字故事。

顺便说一句，这里的故事，有些是我的创作；有些是据资料编写；有些是来自民间的汉字俗解。其中有些内容，"俗文学"也罢，荒诞也罢，读者朋友切莫当真。你尽可把先贤们的论著当作学术理论，把我这儿写的，权且当作插科打诨。因为我的目的很简单，我只是想通过这些小故事、小笑话，以及诗词、对联、谜语、民歌、童谣、字谜、谐音、测字、解字、解梦、避讳这些形式，加上奇闻轶事、文坛掌故……以此搭座桥、凑个趣，使朋友们认识这些字，辨别这些字，掌握这些字，记住这些字。

我愿把这套书，献给对汉字情有独钟的朋友。让大家在茶余饭后，有个谈笑的话题。这种话题，雅俗共赏。

我愿把这套书，献给学汉字的外国朋友。让他们更多地了解汉字的丰富多彩。愿他们在轻松愉悦中掌握汉字。

我愿把这套书，献给青少年朋友们。让他们在课外阅读时，带着笑脸，品味每一个字的结构和内涵。

我愿把这套书，献给我的教师同行们，为他们在备课时提供点资料，使他们在讲课时增加点情趣，让他们在课堂上引发出阵阵欢笑声，使孩子们在寓教于乐中理解汉字的博大精深。

当你手捧这一套沉甸甸的《一字一世界》时，我要深情地向你介绍为这套书的出版作出不懈努力的至爱亲朋。首先要说的是我的出版人申晓华先生。他不辞辛劳，担当风险，近十年来不离不弃，专注于此书的出版发行。好友曹文轩先生，热情为这套书作序，为这套书增光添彩。资深编审王林军先生，是这套书第一版的责任编辑，他为这套书奠定了基础。著名画家，装帧设计家朱成梁先生，为这套书的第一版，设计了精美的封面和版式。著名漫画家何天卫先生和叶霆先生，为这套书提供了大量生动活泼的插图和图案。著名儿童文学家方国荣先生，为这套书的第二版出版，作出了不懈的努力。这套书由第一版的七百余汉字故事，增补为两千余故事，经历了十多年的艰辛创作，其间幸有编审谢芳女士，著名汉字研究专家唐汉先生，古典文学博士陈光先生，著名青年书法家陈义望先生……他们参与了这套书的审读、修订和把关，指出了书中的不足和差错，保证了这套书的出版质量。因为这套书讲的是汉字知识，出版社是以辞书的标准来保证这套书的质量的。

图书出版，是很难完美无缺的，总会留下一些缺憾。这套《一字一世界》也概莫能外。我壮志不已，耕耘不辍，仍在收集汉字故事，愿继续努力，将三千多常用汉字，都配上生动有趣的故事，编成一本既可当字典，又可当故事的"阅读字典"，以供读者朋友们赏阅。

说到读者朋友，我激动不已，感慨万千。自该书出版十多年来，因书中有我留下的手机号码，我先后收到一百余位读者来电。有的指出差错，有的提出建议，有的给予鼓励，有的提供故事，有的只讲了几句：感谢你，继续努力……

我决不辜负读者朋友的厚爱，再接再厉，使这套书日臻完善。如你购得此书，那我们也就心灵沟通，成为志同道合的文友。君不闻，前世修得八百次回眸，今生方得一次擦肩而过。你我有缘，你才翻阅此书。以书会友，是我三生有幸。

如蒙赐教，请记住我的手机号码：13705181009。我当洗耳恭听。

感谢你阅读此文！
感谢你阅读这套书！

二零一九年三月
于南京长江大桥塂

# 目录

## D

物体堆放砧板上——叠 / "叠"和"叠床架屋" ………… 2

翅膀薄似叶片的蝶 / 彩"蝶"能走不能飞 ………… 4

钉子末端形状——丁 / 目不识丁 ………… 6

人头的最上部——顶 / 拆解"顶"字破大案 ………… 8

烹饪的容器——鼎 / 一目难支，足分两片——鼎 ………… 10

用金属制成的钉子 / 眼中"钉" ………… 12

回到家里最安定 / 错一字毁一世姻缘——定 ………… 14

太阳升起的地方——东 / 日在木中——东 ………… 16

负责管理的董事长 / 千里草，不得生——董 ………… 18

在田野生产劳动 / 冰冻兵车兵砸冰——冻 ………… 20

水结成冰——冻 / 冻雨洒窗 ………… 22

木结构屋的正梁——栋 / "栋"和"栋梁" ………… 24

湍急的流水——洞 / 城"洞"陷住程栋脚 ………… 26

带把的舀酒勺子——斗 / 墨"斗" ………… 28

盛食品的器皿——豆 / 豆在釜中泣 ………… 30

察看监督 / 王小虎写儿歌——督 ………… 32

人口集中的大都市 / 文盲县官闹笑话——都 ………… 34

一种害人的虫——毒 / "五毒""无毒"和"无度" … 36

单个儿为孤独 / 互开玩笑写"独"字 ………………… 38

按照文字朗读 / 享受阅读 ……………………………… 40

马行走时迟缓——笃 / 笑着骂人—笃 ………………… 42

用土石筑成的一堵墙 / 三人写诗"赌、睹、堵" …… 44

以钱财作注赌输赢 / 围堵"黄赌毒" ………………… 46

树的名称——杜树 / 杜牧写谜联 ……………………… 48

伸张两臂量长短——度 / "度"和"前度刘郎" …… 50

通过水面——渡 / 官渡度官官过渡 …………………… 52

金属附物体表面——镀 / 假金方用真金镀 …………… 54

站得直——端 / "王八蛋"和"忘八端" …………… 56

不长的——短 / 五指三长两短 ………………………… 58

小鸟站在土堆上 / 妙测"堆"字 救人一命 ………… 60

准确应对帝王询问 / 黄昏之时又相见—对 ………… 62

音译重量单位——吨 / 推屯往右成吨 ………………… 64

不锋利的刀很钝 / "快剑"与"钝剑" ……………… 66

叩头至地而止——顿 / "顿"和"一顿饭" ………… 68

两个加起来表示多 / 今夕何夕 ………………………… 70

惊诧和呵叱——咄 / 咄咄怪事，怪在哪儿 ………… 72

鸟从手中飞走了——夺 / 一寸佳人—夺 …………… 74

身心懒散不进取——惰 / 不为冥冥"惰"行 ……… 76

## E

找借口讹诈钱财 / 一句话就能化解—讹 …………… 80

头部偏向一边——俄 / 旁若无人 唯我独尊—俄 … 82

高大俊美的鹅／"青鹅"二字为罪证…………………… 84

人的脑门——额头／东道主迎客频频让步—额…… 86

用手紧紧掐住——扼／"扼"和"扼腕"……………… 88

很坏的行为——恶／"亚"字写在"心"字上—恶…… 90

心中有依靠——恩／"因"有"良心"才成恩………… 92

囟门未合的婴儿／"儿"和"儿戏"…………………… 94

脸上飘下长胡须——而／猪八戒的钉耙—而………… 96

第二人称代词——尔／说来说去都是你—尔………… 98

听觉器官——耳朵／"洗耳"和"洗耳恭听"………… 100

两根筹码指数目——二／"二"和"口不二价"…… 102

## F

边跑边射箭——发／"髮"字没"友"—发………… 106

脖子上架刀——伐／老教授砍树猜字谜—伐………… 108

持刀骂人应受处罚／横目持刀要"发款"—罚……… 110

公平如水的法律／检察官测字破案—法……………… 112

鸟儿振羽翻飞／凤翻绿竹竹"翻"风…………………… 114

盛食物的盘子——凡／凤鸟不至生男孩—凡………… 116

头疼发热很烦躁／烦恼自取……………………………… 118

用手推转山石——反／出尔为何"反"尔…………… 120

倒转方向往回走——返／"返"和"一去不返"…… 122

狗会咬人侵害人——犯／"犯"和"众怒难犯"…… 124

吃的食物——饭／民以食为天—饭…………………… 126

两条并行的船——方 / 万人出一点—力 ………… 128

花儿的香气——芳 / 头上的草不能割—芳 ………… 130

挡水的堤坝——防 / "防水"与"放水"—防 ………… 132

所见很相似——仿 / 来信来访话不多—仿 ………… 134

将人驱逐到远方——放 / "放"和"归马放牛" ………… 136

鸟在空中飞行 / 二九而升—飞 ………… 138

鸟翅展开分两边——非 / 生日宴会上说"非"字 ………… 140

花草茂盛芳香——菲 / 芳"菲"园的故事 ………… 142

人胖脂肪多——肥 / 宰相合"肥"天下瘦 ………… 144

竹筐之类的盛器——匪 / 真正的文"匪" ………… 146

翅膀分张的翡翠鸟 / 竖子不足与谋—翡 ………… 148

狗大声地叫——吠 / "吠"和"吠形吠声" ………… 150

用去钱财——费 / 割肝之外又破费 ………… 152

刀将东西劈两半——分 / "分"和"分道" ………… 154

山西的一条大河——汾河 / 汾酒必喝 ………… 156

用火烧树林——焚 / 焚香夜读书 ………… 158

碾成细末的谷物——粉 / 八刀分米粉 ………… 160

打扫粪便 / 苏小妹妙解"牛粪" ………… 162

心怀盛怒气不平——愤 / "发愤"和"立志" ………… 164

装满东西很丰盛 / 拆解"豐"字知丧事—丰 ………… 166

飞虫成群如风而过 / 风月无边—风 ………… 168

头部疼痛——疯 / 秦淮河畔说"疯"字 ………… 170

山的顶端——峰/山登绝顶我为峰……………172
燃烧火把发警报——烽/烽火戏诸侯…………174
用刺蜇人的昆虫——蜂/养蜂人讲"蜂蜜"………176
马蹄声疾——冯/梦中骑马—马………………178
行走中彼此相遇——逢/婚姻大事,碰巧而成—逢……180
用针线连缀衣料——缝/"缝"和"天衣无缝"………182
凡鸟是凤凰/凤字拆开是"凡"鸟………………184
三只手捧着物品——奉/三人骑牛少只角—奉………186
修行圆满人成佛/和尚的老祖宗—佛……………188
口中说不——否/买杏和买否…………………190
束发加冠大丈夫/乾隆说"夫"字………………192

# 一字一世界

## D

# 物体堆放砧板上——叠

dié
叠

古代的"叠"字是个上下结构的会意字，上面是"晶"字，表示天上的星星；下面是个"宜"字，这"宜"字与"俎"字同源，"俎"字读"zǔ"，指古代祭祀时盛牛羊等祭品的器具，也指古代切割肉类的砧（zhēn）板，在这儿表示在砧板上放肉，有重叠之义。

古人用三个"日"字重叠，指许多物体重叠交汇在一起。"晶"字为古"星"字，物体多莫过于天上的星星，所以古人用"晶"字与"宜"字组合，表示物体多而重叠堆放。

据说，西汉王莽时期，认为"叠"字上面写作三个"日"字太盛，所以改作"疊"字。上面三个"田"字写作"畾"，实为雷声滚动之义，表示重叠累加，一层又一层。

小篆的"叠"字写作，隶变后的楷书改为疊，1955年，此字作异体字被淘汰，"叠"字是楷书规范写法。

"叠"字的本义指"层层堆积"，如一层层堆积，形容多称"重叠"，一层一层堆起来称"堆叠"，重叠的山峰称"叠嶂"，"层峦叠嶂""叠罗汉""叠床架屋"都是层层重叠之义，重叠、重合称"叠合"，山峦、林木青翠重峦称称"叠翠"。

"叠"字由本义引申指"重复"，如把不同的两个镜头重叠在一起，使观众在同一画面上看到双重或多重影像，这叫"叠印"；两个或几个相连或相关的字"韵"相同称"叠韵"。"叠"字又引申指"折叠"，把物体的一部分翻转和另一部分紧挨在一起，如叠衣服、叠被子、把报纸叠起来；收拾、准备、安排统称为"打叠"。

## "叠"和"叠床架屋"

"叠"字指一层加上一层,表示重复,如重叠;也作动词用,表示折叠,如叠衣服。

成语"叠床架屋",指床上加床,屋上加屋,形容重复累赘。说起这一成语的出典,有两段历史故事。

距今一千五百多年前的南北朝时期,有个南齐王朝,在今扬州、徐州、荆州乃至广州一带。南齐有位画家名叫毛棱,阳武人,即今日河南厚阳县人。他的父亲、叔父都是当时著名的画家,可算是书画世家。父子叔侄三人的艺术水平,都达到了一定的高度。各人的艺术风格各有特色,也各有不足。当时的评论家认为,毛棱的作品,在构图布局上,不如他父亲和叔叔那样简洁明快,显得有点烦琐,不够灵巧,有种"床上安床"的感觉。就是说,画面布局有些重叠,好似床上又加一张床,比喻所画的景与物或人与人有些多余或重复,形容作品不够简洁精练。

在此之前的东晋年间,朝廷大臣谢安,读了当时文士庾(yú)仲初写的《扬都赋》,他作了四个字"屋上架屋"的评语,意为这篇赋描写叙述及用典显得多余重复,不够精练,使人觉得有点累赘。

后人将"叠床"和"架屋"这两个词组合起来组成成语"叠床架屋"。如今这一成语除了表示文学艺术作品不精练简洁之外,也用来指组织机构臃肿、规章制度烦琐、部门重复、职能不合理。凡此,都可称作是"叠床架屋"。

# 翅膀薄似叶片的蝶

dié
蝶

"蝶"字是个左右结构的形声字兼会意字,左边的"虫"字作形符,表示跟昆虫有关;"蝶"字右边的"枼"字读"yè",作声符并会意;"枼"字与"虫"字组合,指一种翅膀薄似叶片的昆虫。因指的是昆虫,所以古人用"虫"字作"蝶"字的形符。

古人为什么用"枼"字作"蝶"字的声符呢?

甲骨文的"枼"字是个象形字,像树上有树叶的形状。金文将树叶简化。小篆将上边的树叶变为"世",并整齐化。隶变后的楷书写作"枼"。这是"葉"字本字,是最早的"葉"字,现简化为"叶"。

"枼"字的本义指"树叶","枼"字如今不单用,只作偏旁。凡从"枼"取义的字,都与树叶和薄木片等有关,如叶片等。这"枼"字跟"虫"字组合,指这昆虫的翅膀很薄,如同一片树叶一般,所以古人用"枼"字作"蝶"字的声符并会意。

楷书的字形由小篆演变而来,写作"蝶"。

"蝴蝶"是种昆虫,成虫体较蛾细长,多在白天活动,静止时翅膀立在背上,种类很多,颜色艳丽,也作"胡蝶"。还有凤蝶、粉蝶、蛱(jiá)蝶等种类。游泳有种姿势形似蝴蝶飞舞,所以命名为"蝶泳"。

蝶 小篆

蝶 隶书

蝶 楷书

## 彩"蝶"能走不能飞

永乐帝有乃父传统,喜好吟诗作对,有许多佳作传世。据说,某年元宵节,当时的南京还是国都,夫子庙举办灯会,十分热闹。永乐帝微服参加灯会,与民同乐。他一见这欢乐景象,便随口吟一上联:

灯明月明大明一统。

这时,在他身边有位名叫朱同的书生也在看灯,此人颇有心机,他见吟联人有壮士护卫,再看他相貌气势不凡,料定他是当今皇上,便斗胆接了一句:

君乐民乐永乐万年。

永乐帝一听,大喜,示意身边卫士将这人带进宫去,以便量才录用。朱同是个明白人,伴君如伴虎,一切小心谨慎,不谈朝政是非,只谈琴棋书画。

这天,朱同陪永乐帝在宫中散步,到一亭院,坐下休息,当时天热永乐帝手摇一白玉折扇,见扇面画着一条青龙,便吟一上联:

白扇画青龙行风难行雨。

永乐帝以扇面上的青龙,借题发挥,说这青龙在扇上只能扇起风,扇不出雨。

朱同要对出下联可不易。正思考,见一宫女端着茶走来,但见她脚上的绣花鞋上绣着一对花蝴蝶,触景生情,下联油然而生:

红鞋绣彩蝶能走不能飞。

这下联与上联珠联璧合,十分工整。"蝶"与"龙"相对,"能走不能飞",指此蝶绣在鞋上,鞋穿脚上,故此蝶能走不能飞,十分贴切。

永乐帝见朱同为人稳重,又有才学,便下旨让他到翰林院编《永乐大典》,去发挥他的特长了。

# 钉子末端形状——丁

dīng
丁

甲骨文

金文

小篆

丁 隶书

丁 楷书

    在最早的甲骨文里，"丁"字是个方框的形状。金文的形体由甲骨文演变而来，写成上面是平形，下面大部分呈半圆形。小篆的字体由金文演变而来，弯弯的三角箭头，也有的字体写成倒三角的形状，上面尖，下面粗。一般人弄不明白，这个图形代表什么意思？

    后来经专家们考证，认为在远古时代，在坚硬的甲骨上，人们不便于把物体的真实形状刻出来，而只能把它刻成方块形或"○"形。这些形状，正是人们从上朝下看，钉子被钉在木头里，露出最末端的形状，所以"丁"的本义就是"钉"字。

    后来，这"丁"字被假借为"甲乙丙丁"的"丁"，成了天干第四位。以示区别，所以在旁边加了"金"字，成了"钉"。

    "钉"都是由金属做成的，坚硬结实，所以又从"丁"字引申出"健壮"的意思，也就有了兵丁、壮丁这类词。

《说文古籀补》

《隶辨》　　　　唐·欧阳询

# 目不识丁

成语"目不识丁",就是讲的"丁"字的故事。

前秦时期,符坚部下有一位名叫姜平子的官员。

一天,符坚宴请群臣,并要他们当场赋诗。姜平子的诗中用了一个"丁"字,当他将诗书写在纸上的时候,把"丁"写成了"丅",故意少写了一钩。

符坚问他为什么这样写。姜平子一本正经地回答道:"为人应该正直,怎么能够拐弯抹角。"符坚一听,高兴极了,当场提拔了姜平子。

其实,这不过是姜平子投符坚所好,故意来的这么一手。其他大臣见他因一个"丁"字登天,都暗笑符坚"目不识丁"。

一字一世界

# 人头的最上部——顶

dīng
顶

金文
小篆
隶书
楷书

古代的"顶"字，是个左右结构的形声字兼会意字，右边的页字是形符，表示跟人的头部有关；左边的"丁"字是声符，读"dīng"。这两个字形组合在一起，指"人头的最上部"。

古人为什么用"页"字作顶字的形符呢？甲骨文的"页"字像一个面孔朝左跪着的人，这是个象形字，本义指"头"。

古人为什么用"丁"字作"顶"字的声符呢？因为"丁"字就是"钉"字的本字，而"钉"字最上部最明显，所以"顶"字用"丁"字作声符并会意。

"顶"字的本义指"人或物体最上部"，如顶楼、顶棚、顶灯、灭顶、山顶、头顶、秃顶、圆顶。

"顶"字由本义引申指"用头部或其他东西支撑"，如千斤顶、顶梁柱、顶天立地。

"顶"字由"支撑"这层意思引申指"迎着"，如顶风、顶牛、顶住、顶风冒雪。

"顶"字由"迎着"这层意思，又引申指"不礼貌地反驳对方或长辈的话"，如顶撞、顶嘴。由此又引申指"抵、相当"，如顶用、顶事、顶数。又引申指"代替"，如顶班、顶罪、顶替。由"相当"这层意思，又引申指"转让"，如顶盘、拿这个顶债。

"顶"字还用来表示"从下面往上拱起"，如：树根把土顶起来了。

"顶"字也作量词用，如一顶帽子。

## 拆解"顶"字破大案

无锡梁溪谜语研究会，本是几个文人凑在一起，搞点文字游戏，给大众提供点文化快餐而已，名不见经传，没啥社会地位。可这次却露了脸，受到了公安部门的表扬。因为他们用拆字法，帮公安部门侦破了一件经济犯罪案。

一家大型企业，接到了苏北阜宁县一封实名举报信，说他们村上有位来自这家企业的退休员工，十多年来，他的子女利用报销医药费，捞到了几十万元。现在老人去世了，他们还在买药再卖药，据说跟企业里的财务人员有勾结……

公安部门经侦查，确认举报属实，立即成立专案组，动用刑侦手段，对财务科长、主办会计及出纳进行监控。掌握证据后，以业务培训的名义，将出纳员隔离审查。

老奸巨猾的财务科长似乎听到了风声，他给出纳员发了条短信，只有三个字："修理顶"。

这三个字引起办案人员注意，但出纳员一口咬定，不明白这是什么意思。办案人员也摸不着头绪。时间紧迫，出纳员又拒不交代。怎么办？有人想到了梁溪谜语研究会，于是请老马来破解一下，这三个字到底是暗号还是谜语？包含什么意思？

老马和小陶、周其良几个人一分析，很快解开了谜团。这是个有点儿难度的字谜。重点在"顶"字。原来，财务科长和出纳几个人，也喜欢猜字谜。他利用"顶"字，暗示出纳员将账簿上第四页修改一下。"顶"字中的"页"字表示页码。"丁"字按"甲乙丙丁"顺序排为第四。"修理顶"就是"修改第四页"。

办案人员受此启发，在一本账簿第四页查到了犯罪证据，将这伙犯罪分子捉拿归案。

老马不无感慨地说："听说这帮人还想加入我们的谜语研究会，可惜他们走上了邪道，跟我们不是一路人啊。"

## 烹饪的容器——鼎

dǐng
鼎

𣇊 甲骨文

𣇊 金文

鼎 小篆

鼎 隶书

鼎 楷书

在甲骨文、金文和小篆中，"鼎"字都是个象形字。

"鼎"字的本义是指"古代一种烹饪的容器"。

鼎的形状是三只脚，两边各有一个大耳朵（这两个大耳朵是为了便于抬起移动），腹部是个大圆圈，可装很多食物。

在古代，鼎不仅仅用来烹煮食物，也是放在宗庙里祭祀用的一种礼器。现在许多庙宇里，最显著的是大殿前的鼎。

由于"鼎"的重要，就常用它比喻王位和帝业，如定鼎、问鼎，所以鼎也是国家政权的象征。

鼎是煮食物的大容器，水在鼎里翻滚称为"鼎沸"，比喻喧闹、混乱，如人声鼎沸、舆论鼎沸。

由于鼎是烹煮食物的，食物由生变熟，由熟变软，所以鼎有更新的意思，如鼎革、革故鼎新。

鼎很大、很重，所以有表示很盛大的意思，如鼎鼎大名、鼎盛。

## 一目难支，足分两片——鼎

关于"鼎"字，有一个"一目难支，足分两片"的文字故事。

清朝嘉庆年间，有一个叫梁鼎芬的人，是湖北汉阳府的太守，他常对百姓敲诈勒索，人们都敢怒不敢言。

一天夜里，不知谁在太守府门口贴了一幅字条，上面大书着几个字：一目难支，足分两片。第二天一早，人们看到这幅字条，都忍不住笑了起来，没多大工夫，太守府的门前就被围了个里三层外三层。

梁鼎芬听外边人声嘈杂，不知发生了什么事，出来看看围观的百姓，又看看门上的字条，脸顿时红得像猪肝一样，忙一边命人赶散看热闹的人，一边气急败坏地撕去字条。

原来，这个梁鼎芬身体肥胖，恨他的人背地都称他为"梁大鼎"，而字条上的这句话，正好扣出了这个"鼎"字。

一字一世界

# 用金属制成的钉子

dīng
钉

金文

小篆

隶书

楷书

甲骨文的"钉"字写作"丁"，这是个象形字。金文是俯视的钉子头部的形象，后来变得像侧视的钉子的形状。到小篆时加以文字化，隶变后的楷书写作"丁"。这是"钉"字的本字。最早的"钉"字就是"丁"。

后来"丁"字被借用为家丁，人丁兴旺的"丁"；又用来形容小块的肉"肉丁"；又借用为天干第四位"甲乙丙丁"的"丁"；还借用象声词"伐木丁丁"。因"丁"字为引申义和借用义所专用，古人就在"丁"字左边加了个金字旁写作"钉"，用来表示"钉子"。

"钉"字成了个左右结构的形声字兼会意字，左边的"金"字作形符，表示跟金属有关；右边的"丁"字作声符，读"dīng"；这两个字形组合在一起，表示用金属制成的固定物体的用品。因为"丁"字本就是"钉"字的本字，所以古人用"丁"字作"钉"字的声符并会意。

"钉"字的本义指"金属或竹木制成连接或固定物体的用品"，如钉子、竹钉、铁钉、鞋钉、钉耙、钉锤、螺丝钉、图钉等。

"钉"字由本义引申指"目光集中在一点上"，这时"钉"字的用法与"盯"字相同，如（dīng）钉住他、钉梢。又引申指"把钉子打进别的物体中"，如（dīng）钉钉子、钉马脚掌。由此又引申指"用线把扣子或带子缝住"，如（dīng）钉扣子、钉补丁、钉带子、钉口袋。

# 眼中"钉"

在日常生活中,人们常常用到俗语。俗语跟成语相似,是广泛流行的定型语句,既简练,又十分形象化。大多是人民群众创造的,反映了人们日常的生活经验和愿望。不少俗语,还有相关的典故呢。

"眼中钉,肉中刺"这是大家都熟悉的俗语,用来比喻心目中最痛恨、最厌恶的人,必须除之而后快。

"眼中钉"的典故出自北宋真宗景德年间。宋真宗手下有两位重要的大臣。一是宰相寇准,他是位正直贤良的人,被百姓称赞为"忠臣";另一个是副宰相丁谓,此人百般迎合皇帝的意旨,靠拉帮结派,玩弄权术而步步高升。他当副宰相时,有一次大臣们聚餐,他见寇准胡须沾上了汤水,竟凑上去,掏出手巾为寇准揩拂胡须,即溜其须。此事被寇准当众嘲笑,这便是"溜须拍马"的来历。丁谓为此又气又恼,一直怀恨在心,总想伺机报复。

寇准因看不惯丁谓阿谀谄媚,欺下瞒上的劣行,这才讽刺他。到了宋真宗晚年,丁谓羽翼丰满,渐渐不把寇准放在眼里了。他抓住寇准打理朝政时的失误,与刘皇后合谋,前后三次,贬低寇准的职位,最后将他流放到广东雷州任参军。丁谓借此机会,升任为宰相,取代了寇准。

丁谓当了宰相后,独揽朝廷大权,贪污受贿,无法无天,为所欲为,百姓苦不堪言,对其恨之入骨,将他视为"眼中钉"。这固然跟他姓丁有关,"丁"与"钉"同音嘛。但更重要的是,百姓们借"丁""钉"同音,将他视为眼睛里的钉子,表达了多么深重地怨恨啊,同时也表达了除掉丁谓的强烈愿望。

后来,丁谓与刘皇后闹了矛盾,也被贬官,流放至崖州,也就是今日的海南省三亚市。当他路过雷州时,要求见寇准,寇准拒而不见,让他吃了个闭门羹。

dìng
定

甲骨文

金文

# 回到家里最安定

甲骨文的"定"字是个会意字，上面是房屋的形状，中间的"口"字表示进入屋内的入口处；下面是"止"字形，表示脚印。这与远古时代，先民们住在洞穴中有关。整个字形表示走回家的意思。

金文的"定"字将其中的"口"字演变为一横，这可能与先民们由洞穴搬到地面居住有关，不再由洞口出入了。

小篆和楷书，由金文转化而来，上面的宝盖头表示屋内，下面仍有脚步停止的意味。

回到家，就算安定了，所以"定"字的本义就是安定的意思，如平定、心神不定。

安定后，意味着不变化，这就是固定、稳定、决定、确定、肯定、商定、议定。

已经确定的，往往是定理、定论、定局。

"定"还有预定、约定的意思，如定货、定单、定婚。

"定"有限制、不能超过的意思，如规定、定时、定量、定额、限定。

"定"也作副词用，如必定、一定、人定胜天。

汉《石门颂》

汉《张迁碑》

## 错一字毁一世姻缘——定

写字不可潦草。有一对恋人,就因为写字潦草弄错了一个字,毁了一段好姻缘。

这是几十年前的事了。

李成是苏北盐城人,王芳是苏州人,两人同时考进南京一所大学,是同班同学。在三年交往中,他们相互了解,相互爱慕。

他们的爱情,有点儿波折。王芳的母亲看不起农村人,反对这桩婚事。王芳答应回去做母亲的工作,到时给李成一个答复。

李成这小伙子自尊心特别强,他最容不得苏南人看不起苏北人,所以心中有气。回到盐城没几天,他就收到王芳一封信。信极短,写在一张纸片上,字迹潦草,只有一句话:"我们的事完了。"

李成一看,顿时天旋地转。他强忍心中的伤痛,只身一人,到新疆喀什去当教师去了,从此就没回来过。

一晃四十年过去了。当年风华正茂的姑娘、小伙子,如今都成了退休老人了。当他们四十年后在南京聚首时,两人相对无语。

待没人注意他俩时,王芳问:"李成,你怎么不回我一封信?"

李成说:"你说我们的事完了,我还回信干什么?"

王芳吃了一惊:"我写的是'我们的事定了',不是完了。"

李成坚定地说:"你写的是'完了'。这纸条我还留着。"

说罢,他从贴胸内衣中掏出了那张皱巴巴的纸片,递给王芳。

王芳看了,泪如雨下。她清楚地记得,那天,她妈妈同意了他们的婚事。她兴奋不已,随手撕了张纸条,写了一句话,直奔邮局寄出了。没料到,一个潦草的"定"字被误认为是"完"字,害苦了恋人的一世。李成终身未娶,如今仍孤身一人。

# 太阳升起的地方——东

dōng
东

甲骨文

金文

小篆

隶书

楷书

　　"东"字的繁体是"東",由"日"和"木"组成。"日"在"木"中,就是说,太阳还没有升到树梢那么高,只是刚刚升起。太阳是从哪儿升起的?太阳是从东方升起的,所以把这个字称作"东",表示东方。"东"的本义也就是指"东方"。

　　但也有人认为,"东方"不是"东"的本义。在最早的甲骨文中,"东"字是一个会意字,是指装东西的大袋子。远古时代的人,在外出采摘果子或狩猎时,往往先在地上铺一块布或兽皮,放上随身带的东西,然后在中间放一根木棍,再把布或兽皮围绕木棍卷起来,两头用绳子扎得紧紧的,这样便成为一个能装不少东西的大袋子。甲骨文中的"东",就像这种袋子。

　　如果我们作一番合理的想象,就会看到,当太阳升起时,古人将铺在身下的兽皮卷成"东"扛在肩上,迎着东方初升的太阳,出门远行,所以"东"表示东方。由此看来,这"东"字原指口袋里所装之物,也就是我们今天所说的"东西",后来借用为方位名词,作"东方"讲,如向东、面朝东。

　　古时候,主位在东,宾位在西。东,也就有主人的意思,如房东、股东、东家。

　　"东",也是一个姓。

南朝齐·王慈《万岁通天帖》

明·姚绶《三希堂法帖》

## 日在木中——东

宋朝时,河南洛阳有个叫王虎的人,喜好舞拳弄棒,为了学到真功夫,他到处拜师学艺。

一次,他听说山西有一位高人,便披星戴月赶到那里。高人听他说明来意后,没点头也没摇头,只是在地上写了一个"東"字,说道:"明天我在这里等你。"然后扬长而去。

王虎被弄得稀里糊涂,这明天是早晨、中午还是晚上呢?正当他犯愁的时候,一个读书人从他身旁经过,见他一副失魂落魄的模样,就问了一声,等把事情搞清楚了,忍不住哈哈大笑:"那个高人一定在考你。你看,'東'字中间有个'日'字,'日'在'木'中,不就是旭日东升的意思嘛。高人是让你明天清晨在这里等他。"

王虎喜出望外,连声道谢。第二天一大早,果然等到了高人。

# 负责管理的董事长

dǒng
董

金文
小篆
董 隶书
董 楷书

　　"董"字由草字头和"重"字组成，这是个形声字，上面的"艹"是形旁，下面的"重"是声旁。

　　有人认为，"董"的本义是指"一种像蒲而比蒲细小的草"。后来转为"监督管理"的意思。为什么会有这样的转化呢？有人认为，草字头意味着用文辞劝告人。由文辞劝告而引申为监督、督察，这就是"董"字后来的意思。

　　由"督察"而引申为"监督管理"，如董理、董其成。

　　"董"字的这一本义，在现今社会中得到了充分利用。如今成千上万的各种各样的公司都设有董事会；里面有不少管理人员，这些就是董事；负责董事会日常工作的就是董事长，他全权负责对公司的监督管理。

　　古代传下来的文物，称为"古董"。

　　"董"，也是一个姓。

汉《礼器碑》

吴·皇象

元·饶介

## 千里草,不得生——董

说到姓"董"的,大家会想到历史上记载的董卓,据说关于此人有一段"千里草,不得生"的字谜故事。

东汉末年,天下大乱,董卓以"勤王"之名,率兵进入京师洛阳,搞得天怒人怨。

没多久,一首童谣在京城里传开了"千里草,不得生!"董卓听了,不明白是什么意思,就问谋士。

谋士们把头摇得像拨浪鼓一样,都说猜不出来,但他们心里却一个比一个豁亮:这"千里"相加是个"重"字,再盖上草字头,是个"董"字,这首童谣分明是在咒董卓早点死啊。

dòng
动

甲骨文
金文
小篆
隶书
楷书

# 在田野生产劳动

"动"字的字形变化很大,从甲骨文、金文到小篆,其笔画都不相同,各有含义,说来复杂。

甲骨文的"动"字是个上下结构的形声字兼会意字,上面的"東"(东)字是声符兼会意,读"dōng";下面的"田"作形符。这两个字形组合,意为"东方日出,农奴在田间开始劳动"。

金文的字形由辛、目、東(东)、土四个字组成,"辛"字表示奴隶;"目"字表示眼睛;"東"字表示东方日出,"東"(东)字兼作声符并表意;"土"字表示田野土地;综合起来表示奴隶们看到东方日出了,就在田野里劳动。

小篆和楷书繁体字的字形,是个左右结构的形声字兼会意字,左边的"重"是声符兼会意;右边的"力"字是形符,表示跟出力劳动有关;这"重"字是"人"和"東"及"土"三个字的合体,加上"力"字,就表示"奴隶们日出东方时,就在田野里劳动"。

楷书的字形写作"動",现简化为"动"。

"动"字的本义指"生产劳动",由本义引申指"行动、动作、举动",如动力、动乱、动武、动向、抖动、反动、活动、劳动、松动、运动等。

## 冰冻兵车兵砸冰——动

说到吟诗作对的高手，当数宋朝大诗人苏东坡和他的好友佛印和尚了。民间流传的许多脍炙人口的对联故事，其主角都提到这二位，不管是真是假，为使故事生动有趣，好事者往往都用他俩的大名说事儿。

却说一个天寒地冻的冬日，雪后放晴，苏东坡约了佛印和尚到城外赏雪。他们在城外一条大河边，踏着冰雪，边走边谈。

河边停着一辆运粮草的兵车，五六个士兵围着兵车忙碌着。也许兵车在这儿停留得久了，车轮陷在冰雪中被冻住了，士兵们使多大的劲儿也推不动。这时有几个士兵搬来大石块砸地上的冻冰，冻冰被砸碎，车轮才有所松动，几个人一齐用力，这才把军车拉上了大路。

苏东坡见此情景，想到一上联，对佛印和尚说：大师傅，现有一上联，请听——

冰冻兵车兵砸冰冰碎兵车动。

苏东坡用的是异字同音联。"冰"与"兵"同音，"冻"与"动"同音，十二个字一气呵成，把眼前事叙述得一清二楚，堪称绝对。

佛印和尚一时对不出来，说让他思考一下。

苏东坡看着士兵们拉着兵车从身边走过，不由问佛印和尚："近日我读《三国演义》，书中对诸葛亮制作木牛流马，说得神乎其神，不管此物是鲁班发明的，还是诸葛亮发明的，世人可曾有过此物？"

佛印和尚还在构思下联呢。他摆摆手说："木牛流马的事我暂不说，此刻你提到诸葛亮，那我就顺便对个下联吧。"然后吟道：

龙卧隆中隆未龙龙自隆中飞。

这下联揭示了诸葛亮隐居隆中的真情，用"龙"与"隆"同音，组成异字同音联，上下对仗工整。苏东坡听了，竖起大拇指连声叫好。

一字一世界

## 水结成冰——冻

dòng
冻

小篆的"冻"字是个左右结构的形声字。左边是两个箭头的形状，像冰面裂纹的样子，后来简化为两点，这两点表示冰，凡以两点为偏旁的，大都与寒冷有关，如冷、冰、冻、冽、凛、凉、凝、凋等；右边的"东"是读音。

"冻"字的本义为"水结冰"，如河被冻了。

"冻"字由水结冰转义为"液体或含水分的东西遇冷凝结"，如天寒地冻、青菜冻坏了。

汤汁等凝结成半固体，如肉冻儿、鱼冻儿。

受冷或感到冷，如脚冻麻了、他冻得直抖。

金文

小篆

凍 隶书

冻 楷书

《草书韵会》

《隶辨》　　　　唐太宗《温泉铭》

## 冻雨洒窗

对这"冻"字,民间流传一则"冻雨洒窗"的对联故事。

明朝年间,江南有个才子名叫解缙。这个人博览群书,出口成章,幼年时便聪慧过人,尤其会对对子。

这年夏天,解缙去看望他的老师。刚坐下,老师便叹口气,说:"唉,去年冬天,我偶得一句上联,苦思一年,还想不出下联,你能否试试?"说罢,取出纸笔,写出上联:

冻雨洒窗,东二点(冻),西三点(洒)。

解缙低头沉思。这时,恰好师娘端来切好的西瓜让他们解渴。解缙一拍手掌,说:"有了!"随即提笔写出下联:

分片切瓜,竖八刀(分),横七刀(切)。

老师一看,拍手称好。

# 木结构屋的正梁——栋

dòng
栋

　　"栋"字是个左右结构的形声字兼会意字，左边的"木"字作形符，表示跟树木、木料有关；"栋"字右边的"东"字读"dōng"，作声符并会意。"木"字与"东"字组合，指木结构房屋的正梁，也就是屋脊承受两边重的大梁。木结构的房屋柱子和大梁都是用木头制作的，所以古人用"木"字作"栋"字的形符。

　　古人为什么用"东"字作"栋"字的声符呢？

　　"东"字指东方，是日出的地方。太阳从东方升起，有渐渐高升之义，房屋的其他屋梁，都依据最高处的栋梁，也就是正梁的高度而抬升，所以古人用"东"字作"栋"字的声符并会意。

　　楷书的字形由小篆演变而来，写作"棟"，现简化为"栋"。

　　"栋"字的本义指"房屋的正梁"，房屋的正梁也称"脊檩（lǐn）"，也称"栋梁"。"栋梁"一词除了指房屋的大梁，也比喻担负国家重任的人，如栋梁之才、社会栋梁；成语"汗牛充栋"中的"栋"字指屋子，"汗牛"指书籍用牛车运输时牛累得出了汗，书将屋子里堆得满满的，形容藏书很多。

　　"雕梁画栋"中的"栋"字指房屋的大梁，梁栋都用彩画装饰，形容建筑物富丽堂皇。

　　"栋"字由本义引申指"表示房屋的量词"，如两栋大楼、第三栋楼。

棟 小篆

棟 隶书

栋 楷书

## "栋"和"栋梁"

距今一千八百多年的东汉灵帝年间，朝廷宦官专权，其中有个宦官名叫曹节，此人竟然将汉灵帝控制得牢牢的，成了个傀儡。朝廷中有几位正直的大臣曾密谋刺杀曹节，除掉这一祸害，但因曹节党羽众多，刺杀未成，这几位大臣反而被曹节处死。

朝廷重臣刘纳，担任尚书一职，他也有刺杀曹节的决心，因时机不成熟，迟迟未动手。但曹节越来越嚣张，党羽越来越多，再不除掉他，祸害将更大。

刘纳吸取前几位大臣失败的教训，想与几位手握兵权的将领联手，这样才有刺杀成功的把握。

有位名叫刘郃（hé）的司徒，手握兵权，他也痛恨宦官的胡作非为。但他觉得宦官已与一些大臣暗中勾结，难以对付，生怕刺杀不成遭到满门抄斩，所以一直举棋不定。

这天，刘纳登门与刘郃密谋刺杀曹节之事。刘郃神色凝重，流露出畏难情绪。刘纳直言道："公为国栋梁，倾危不持，焉用彼相邪？"

刘纳这话的意思是：你作为国家的栋梁，当国家危急存亡之时，你都不过问，不关心，那还要你这种官干什么呢？

刘郃被他这一说，终于答应参加刺杀行动。

后因曹节收买的党羽从各种渠道探听到刘纳等人有刺杀他的密谋，他便抢先一步，将刘纳等人捉拿处死。刺杀未能成功。

刘纳死了，但他对刘郃说的"栋梁"一词留了下来，成了常用词，词义毫无变化。"栋梁"就是指像房屋的大梁一样，承担着整个屋面的重量，以此比喻肩负国家重任的人才，如国家栋梁、栋梁之才。

# 湍急的流水——洞

dòng
洞

"洞"字是个左右结构的形声字兼会意字，左边的"三点水"是形符，表示跟水有关；右边的"同"字读"tóng"，作声符并会意。"三点水"跟"同"字组合，指"湍（tuān）急的流水"。因指的是流水，所以"洞"字用三点水作形符。

古人为什么用"同"字作"洞"字的声符呢？

有学者认为，"同"字有"共同"之义，也有"会合"之义。所有势大湍急的流水，都是由小沟小渠的水汇聚到一起才形成的，所以"洞"字用"同"字作声符并会意。

楷书的字形是由小篆演变而来的，写作"洞"。

"洞"字的本义为"湍急的流水"。

"洞"字由本义假借指"穴、窟窿"，如地洞或山洞称"洞穴"，桥孔称"桥洞"，窟窿称"孔洞"，门里面较长的过道称"门洞"，在土山的山崖挖的供人居住的洞称"窑洞"。还有岩洞、涵洞、炕洞、溶洞、洞房、漏洞等词。

"洞"字由上义引申指"透彻、清楚"，如观察得很透彻称"洞察"，彻底了解称"洞彻"，清楚地看出或击穿物体称"洞穿"，非常清楚地看见称"洞见"。还有洞悉、洞晓、洞达、洞若观火、洞烛其奸等词语。

"洞"字还借用来说数字，以免听错，这时"洞"字代指"零"，如报数字2007，就说"两洞洞拐"。

洞 小篆

洞 隶书

洞 楷书

## 城洞陷住程栋脚

却说明朝洪武年间，江苏金坛有位县令名叫程栋。程县令有众多诗友。公务之余，他常与诗友们吟诗作对，其中有位吴子辉跟他最为要好，是程县令家座上客。

程县令办事认真，虽有点书生气，但对公务事是从不马虎应付的。有人报告，说城东墙头有塌陷之处，他当即带了师爷衙役去查看。他在城头上来回用脚踏地，探探虚实，不料一脚陷进泥窟窿里，众人七手八脚，好不容易才将他的脚从泥洞里拔出来。看来这泥土松散，是连日阴雨所致，派人抬土夯实便可。

程县令看看眼前窟窿，又想到自己名字，不由笑出声来，当着众人吟出一上联：

程栋遊城东，城洞陷住程栋脚。

这上联借"程栋"与"城东"和"城洞"三词谐音，讲了个有趣的事情，众人都拍手叫好，等着程县令续出下联，可他张口结舌，半天吐不出一个字来。他为此郁郁不乐，觉得在部下面前丢了面子。回家后苦思冥想，仍是毫无所获。不久便病倒在床，奄奄一息了。家人以为他不久于人世，便给他料理后事了。

得知县太爷病重，诗友吴子辉连忙赶来探视。他知道程县令是为对不出下联，急火攻心，才变成这样的。但他也对不出下联，否则倒可当做灵丹妙药，救诗友一命了。

县太爷娘子边哭边烧纸钱，好让老爷黄泉路上当盘缠。吴子辉帮着她，把县太爷平日抄写的对联诗文也一并烧了，供县太爷到阴曹地府去读。一阵风儿吹来，纸灰旋离地面，在吴子辉身边飘绕。见此情景，吴子辉心头一亮，想出了下联：

子辉烧字纸，纸灰绕过子辉头。

他连忙将这下联读给程县令听，真如灵丹妙药，程县令听罢，睁开眼，居然露出了笑脸。

一字一世界

# 带把的舀酒勺子——斗

dǒu 斗

甲骨文 金文 小篆 隶书 楷书

说到"斗"字，牵连到两个字，两个读音。先说读"dǒu"的"斗"字。甲骨文的"斗"字像带着把儿的舀酒的小勺子；金文大致相同，小篆文字化，变得不像了。隶变后楷书写作"斗"。

"斗"字读作"dǒu"时，本义指"舀酒的小勺子"，但此义已极少用到。由本义引申指"量粮食的容器"，这就是"车载斗量"的"斗"，如市斗、斗子、斗柄、斗胆。由上义引申指"形状像斗的东西"，如斗车、斗笠、斗篷、斗室、笆斗。抽屉也称"抽斗"，此外还有烟斗、风斗、漏斗、墨斗、北斗星，"跟头"也称"斤斗"。

"斗"字又引申指市制容量单位，十升为一斗。当"斗"字读作"dòu"时，指繁体字"鬥"字。

## 墨斗

"斗"字只有四画，读音有两种，用法却有十多种。说起来十分复杂。其实这"斗"字是两个字拼在一起用了，所以搞得很复杂。

当"斗"字读作"dòu"时，表示对打、搏斗。这个字在甲骨文中是个象形字，像两个人揪在一起对打搏斗。小篆使其整齐化，隶变后楷书写作"鬥"，表示两个士兵在对打搏斗，后来引申指"竞争"，又引申指"批判、揭发"，如斗恶霸、批斗等。这个鬥字笔画较多，就用"斗"来作简体了，这样就把事情搞得复杂化了。

当"斗"读作"dǒu"时，便是甲骨文中早有的"ᛜ"字。这是个象形字，像一把有柄的舀东西的勺子。这是古代用来舀酒的，此义现在已很少用了。"斗"字由勺子舀酒引申指"量粮食的容器"。十升为一斗，如：斗子、车载斗量。由此又引申指"形状像斗的器物"，如斗笠、吊斗、熨斗、漏斗、斗车、墨斗……

说到"墨斗"，凡见过木匠做工的都见过，这是用来打直线的工具。据说是木工派的祖师爷鲁班发明的。相传，宋朝大文学家苏东坡和他的妹妹苏小妹及妹夫秦少游，都曾为墨斗创作精彩传神的谜面。

一天，秦少游见一木匠在树荫下干活，不由计上心来，他出一谜语让苏东坡和苏小妹猜：

我有一只船，一手摇橹一手牵，去时拉纤往，回时摇橹还。

苏小妹听了，回答道：

我有一间房，半间租给转轮王，有时射出一线光，天下邪恶不敢挡。

苏东坡听罢，笑道："你们一个有船，一个有房，做兄长的一无所有，只有琴一张。"说着吟了起来：

我有琴一张，琴弦腹中藏，对着木板弹，锯木声音响。

苏东坡吟罢，三人都哈哈大笑。不用说，他们的谜底都是"墨斗"。

一字一世界

# 盛食品的器皿——豆

dòu
豆

豆 甲骨文

豆 金文

豆 小篆

豆 隶书

豆 楷书

甲骨文的"豆"字是个象形字，字形像一只盛放食品的高脚器皿。当中圆形，上有一横，好像是盖子之类；下面两竖加一横，像底盘，与今日的高脚酒杯相似。

金文的字形与甲骨文相似，小篆的字形线条化、整齐化，隶变后的楷书写作"豆"。"豆"字的本义指"高足食器"，后来借作豆类植物的总称。"豆"字作偏旁用，也可单用。"豆"字是部首字，设"豆"部。凡从"豆"取义的字，都与食器及豆类植物或豆形之物有关。

"豆"字假借指豆类植物的总称，如黄豆、大豆、小豆、豇豆、青豆、豌豆、豆腐、豆浆、豆芽、豆酱、豆饼、豆渣、毛豆等。"豆"字由上义引申指"形状像豆类的东西"，如土豆、花生豆、玉米豆、咖啡豆。

"豆"字也作姓氏用。

## 豆在釜中泣

三国时期，大政治家魏王曹操，他有三个儿子，长子曹丕，善谋术，心狠手辣；次子曹植，善诗文，出口成章，落笔成文，聪颖过人；三子曹彰，勇武超群，能征善战，是位帅才。

魏王死后，曹丕接位，同年他废黜汉献帝，自己当皇帝，史称魏文帝。魏文帝君临天下，好不自在。但他有件心事耿耿于怀，不得安宁。他担心弟弟曹彰与曹植与他争夺王位。

曹丕找个借口，将曹植和曹彰召进京城，先派人暗中下药毒死曹彰，又设计要除掉曹植。

曹丕想到，曹植一向富有诗名，父王在世时，曾怀疑他的诗作是别人代笔所作。于是他心生一计，在一次群臣宴席上，装作喝醉酒的样子对曹植说："贤弟，你诗赋写得好，名扬四海，父王在世时就疑心你的诗文是找人代笔的，今日能否当着群臣的面赋诗一首？"

曹植当即回应道："出口成诗，请陛下出题。"

曹丕见曹植中计，心中暗喜，继而说道："限你七步之内吟诗一首。能成，则算你有诗才；不能成，则有欺父欺君重罪，如何？"

曹植知已中计，仍临危不惧："陛下出题。"

曹丕说："你我兄弟，就以'兄弟'为题吧，但诗中不可出现'兄弟'二字，否则违规！"

话音刚落，曹植离座，走出六步此诗即成：

> 煮豆燃豆萁，豆在釜中泣；
> 本是同根生，相煎何太急。

这首诗，从一个"豆"字，写到"煮豆""燃豆萁（qí）"及"豆在釜中泣"，发出了"相煎何太急"的怒斥！由"豆"字，仅用二十字，就把历朝历代数不胜数的宫廷内乱、争权夺利、骨肉相残的惨剧表达得触目惊心，淋漓尽致，让人读了感慨万千，唏嘘不已。

曹植七步成诗，他以自己出众的才华，躲过一场杀身之祸，也让自己千古留名。

一字一世界

## 察看监督

甲骨文"督"字是个上下结构的形声兼会意字,下面的"目"字是形符,表示跟眼睛有关;上面的"叔"字是声符,读"shū";"督"指"察看",察看就得靠眼睛来看,所以用"目"字作形符。

古人为什么用"叔"字作"督"字的声符呢?因为"叔"字也是个形声兼会意字,右边的"又"字表示手。"叔"字的本义指"用手拾取豆子的果实",要想拾到地上的果实,就得细细地看,而"督"就是察看,所以"督"字以"叔"字作为声符兼表义。

"督"字的本义指"察看",如督察。

"督"字由本义引申指"监督、统率",如督办、督促、督导、督学、督战、督阵、督师、总督。

"督"字也作姓氏用。

dū 督

甲骨文

金文

小篆

督 隶书

督 楷书

汉《西狭颂》

《草书韵会》

东晋·王羲之

东魏《敬使君碑》

## 王小虎写儿歌——督

有个孩子叫王小虎，上小学三年级，学习成绩不怎么样，特别怕写作文，常挨老师批评。

贪玩，是孩子的本性。

暑假，小虎玩得忘了做暑假作业，爸爸又没时间管他。没办法，只好将他送到乡下自己弟弟家，让当小学教师的弟弟管住他，辅导他。

小虎被叔叔管着，每天要按时完成作业，才能出去钓鱼摸虾。今儿按要求得写一首儿歌。小虎把笔杆咬裂了，也没写出一个字来。叔叔坐在另一张桌上备课，时不时斜眼看看他，说几句督促他的话。

小虎苦思冥想，终于写出一首，他读给叔叔听：

一二三四五，上山打老虎。老虎不在家，放屁就是他。

叔叔听了，斜眼看了看，生气地说："这算什么儿歌？一点儿意思也没有！"

小虎只得重写，他把最后两句改了一下，又大声读给叔叔听：

一二三四五，上山打老虎。我们小学生，生活太辛苦！

叔叔说："做点儿作业，算什么辛苦？"

小虎说："那就改成'作业实在多！'"

叔叔不满地说："你尽是苦呀苦呀，能不能写得有趣点儿？"

小虎见叔叔总是扭转头，眯着一只眼睛看他，灵机一动，写了一首最满意的儿歌，读给叔叔听："一二三四五，上山打老虎。叔叔眯只眼，样样都管我。"

叔叔听了，心里不由一动，哈，这最后两句，是个很不错的字谜啊。

读者朋友，你能猜出这个字谜的谜底吗？

# 人口集中的大都市

dū
都

古代的"都"字，是个左右结构的形声字兼会意字，右边的"邑"字是形符，读"yì"，这是个会意字；上面是"口"字，表示区域范围，下面是一个跪坐着的人。两形合一，指"人居住的地方"。隶变后的楷书写作"都"，作偏旁时写作"阝"，俗称软耳旁，放在字的右边。

"都"字左边的"者"是"渚"字简省的写法，读"zhǔ"。这两个字形组合在一起，指"大的城镇"。"邑"，指人群聚居的地方，而大的城镇多为人口集中之地，所以"都"以"邑"为形符。

古人为什么用"渚"字作"都"字的声符呢？因为"渚"指水中的小块陆地，古代人都逐水而居，所以城镇都选在靠近水边或设有护城河的地方。所以"都"字以"渚"字作声符并会意。

金文

小篆

"都"字的读音为"dū"，本义指"大城市"，如国都、首都称"都城"；古时的军事长官称"都督"；都市称"都会"，也称"大都"，或称"通都大邑"。

隶书

"都"字由本义引申指"国家最高行政机关所在地"，如确定首都的地址称"定都"，也称"奠都"或"建都"；过去的首都称"邦都"；迁移首都称"迁都"；临时的首都称"行都"；旧时在首都以外的地方另设的首都称"陪都"。

楷书

"都"字是个多音字，读作"dōu"时，假借指"全、完全"，如大家都来了；又指语气的加重，如都怪你！

"都"字也作姓氏用，读"dū"。

## 文盲县官闹笑话——都

古代有"捐纳"一词。自秦始皇开始,历代王朝,常因筹饷、赈灾或举办水利工程等大事,允许百姓出钱或稻米,由朝廷根据所捐钱的多少,授予不同的官位或给予不同的褒奖,或者用以减轻罪行,用钱粮赎罪。清朝乾隆时,经常举办捐纳活动。鸦片战争后,灾荒不断,政府财政困难,于是广开捐例:京官自郎中以下,外官自道台以下,均可捐纳。到清朝末年,各省捐纳的官员已无法安插。捐纳盛行,官职变成商品,结果产生大量腐败现象和大批昏庸无能的官员。民间也便流传不少文盲官员读错字、说错话的故事。

却说清朝道光年间,山东威海有个姓胡的县官,大字不识几个,捐来县令,也一本正经地升堂审案。

这天审的是借债不还的小案子。原告叫郁上来,被告叫齐下丢,证人名叫新釜。

胡县官高喊:"开审!都上来!"结果,原告、被告、证人都上堂了。胡县官大为恼火地说:"本县只叫原告一人上堂,你等为何都上来了?"

坐在一旁的师爷知道他念错字了,忙悄悄提醒道:"老爷,原告的名字叫'郁上来',不是'都上来'!"原来,他将"郁"字看作"都"字了。

胡县官改口喊被告:"齐下去!"结果被告、原告、证人都退下堂去。胡县官更加生气了,怒斥:"本县叫被告听审,你等为何一起退堂?"师爷知道他又念错字了,忙附耳提醒道:"老爷,此人姓齐,名下丢,不叫'齐下去'!"

胡县官听了,依然气恼,反问道:"既然如此,那证人姓甚名谁?"

师爷小声道:"禀告老爷,证人名叫新釜!"

胡县官听罢,笑道:"亏你提醒,要不然,我就喊他'亲爹'了。"

# 一种害人的虫——毒

小篆的"毒"字是个上下结构的形声字兼会意字,它的上面是个"屮"字,这个字读"cǎo",作形符。"屮"字在甲骨文中是象形字,像初生的小草形,本义为"初生的小草"。在这儿作形符,表示跟草木有关。下面是"毐",这个字读"ǎi",作声符。这两个字形组合在一起,指一种害人的草。因是指害人的草,所以"毒"字以"屮"为形符。

古人为什么用"毐"字作"毒"字的声符呢?

在小篆中,"毐"字是个会意字,指男子品行不端,是邪恶之人。害人的草害人不浅。邪恶之人也是祸害,所以"毒"字用"毐"字作声符并会意。

楷书的字形由小篆演变而来,写作"毒"。

"毒"字的本义指"长得茂盛的毒草",由本义引申指"有毒性的物质",如毒剂、毒饵、毒箭、毒品、毒气、毒素、毒物、毒药、毒液、防毒、禁毒、无毒、消毒、以毒攻毒等。

"毒"字由本义引申指"带毒的生物",如毒虫、毒蛇、毒菌、毒瘤、病毒等。又引申指"用毒物杀害",如毒害、毒死、放毒、服毒。由上义引申指"凶狠、厉害",如毒打、毒辣、毒刑、歹毒、恶毒、狠毒、阴毒、太阳毒辣辣的。

"毒"字还用来比喻"对思想意识有害的事物",如流毒、余毒、遗毒、放毒等。

## "五毒""无毒"和"无度"

从前小孩肚兜（dōu）上绣着老虎和五毒的图案。这五毒就是蝎子、癞蛤蟆、蛇、壁虎、蜈蚣。用虎和五毒以示驱邪除毒，保佑孩子健康成长。这"五毒"来历说法不一，这里只举一例。

却说山东沂河岸边有个孩子叫量小。父亲亡故，与寡母相依为命。一天，量小的母亲见一只虫儿爬到自己脚下，这只虫儿竟仰头喊自己"娘"。量小的母亲将它带回家，与量小作伴。这虫儿见到毒虫就咬，把屋前屋后的毒虫全吃光了。不久这虫儿变大，竟然变成了个小伙子，量小的母亲就收他做儿子，取名"无毒"，成了量小的弟弟。

母亲去世后，量小与无毒生活在一起。当地人知道无毒的身世，背后说三道四。无毒怕自己被人当作妖魔鬼怪，连累哥哥，就对量小说："我不能在此久居，还是到泰山找个庙宇出家吧。我要采药挣钱，助你娶妻成家，以尽兄弟之情，也报答老娘收留之恩。三年之后，你可到泰山找我！"说罢，就往泰山去了。

三年后，量小历经艰险，终于在泰山一座庙里找到了无毒。无毒身无分文，是个穷和尚。他为实现承诺，偷偷挖下左眼珠子，当作夜明珠送给哥哥。量小将这夜明珠卖了，换银子盖了房子娶了媳妇，过上了美满生活。

不料，夜明珠几经转手进了皇宫。皇帝非常喜爱，为成双配对，派人寻访，找到量小，索取另一颗珠子。量小无奈，又去找无毒。无毒认为量小贪得无厌，指着自己左眼怒斥量小。量小得知实情，大叫一声，气绝而亡。无毒十分懊悔。庙里住持大和尚前来劝慰，指指量小，写下"量小非君子"五个字。无毒摇摇头，咬破手指，写下"无毒不丈夫"五个字，责备自己。这里的"无毒"应看作名词，而不是形容词。

无毒葬了哥哥，云游四方，驱杀毒虫，为人治病赎罪。据说，人们端午节挂在门上的艾蒿，就是无毒的化身。四个谐音字，演绎了这一个离奇而又感人的故事。

# 单个儿为孤独

dú
独

金文

小篆

獨
隶书

独
楷书

　　小篆的"独"字,是个左右结构的形声兼会意字,左边的反犬旁为形符,表示跟狗有关;右边的"蜀"字是声符,读"shǔ"。两形合一,表示单个,只有一个。因为狗在一起爱打架,只能单独豢养。

　　也有人认为,狗在一起厮咬,不一定是打架,那是闹着玩儿。狗只有在争抢食物时才打架,比如狗抢肉骨头。狗为了争食,经一番争斗后,败者逃跑,胜者独享美味,这就是吃独食,这就有单个、独自的意思,所以古人用反犬旁作形符。

　　古人为什么用"蜀"字作声符呢?因为"蜀"字是指葵花中的虫子。这种虫子头大,身子弯曲,喜欢独个盘踞在葵花中,所以"独"字以"蜀"字为声符并会意。

　　楷书的字形由小篆演变而来,写作"獨"字,后简化为"独"。

　　"独"字的本义指"单个、一个",如单独、独自、独裁、独唱、独创、独到、独断、独揽、独立、独身、独特、独子、独奏、独木桥、独生子女、独当一面、独出心裁、独断专行。

　　"独"字由本义引申指"孤单",如孤独、鳏寡孤独、独自一人。

　　"独"字也引申为"自私",如独吞、独占、独吃、独食、独霸。

　　"独"字还引申指"只有、唯一",如唯独、不独。

　　"独"字也作姓氏用。

## 互开玩笑写"独"字

　　文人在一起，除了正儿八经吟诗作赋，你唱我和之外，也喜欢用文字开一些无伤大雅的玩笑。一来取乐，二来也各显才华。

　　却说清朝乾隆年间，四川绵州有个才子名叫李调元，这年京城会试，他高中进士，被选入翰林院为庶吉士。还有一位江南才子名叫张立德，与李调元同榜登科，也被选入翰林院任职。

　　就文才而论，李调元与张立德不相上下。就人品而言，李调元为人刚直，不事权贵。张立德呢？喜欢溜须拍马攀高枝。他常讨好大贪官和珅。为这事儿，被李调元奚落过。因此，张立德心怀不满，总想也奚落李调元一次。

　　这年除夕，同僚们各写对联斗方，相互赠送，以示友好。这"斗方"就是一二尺见方的书画页，或写首诗句。这在当时文人中很盛行。张立德心生一计，写了个斗大的"獨"字，派家里当差的送去。当差的一见是个"獨"字，不解地问："老爷，为何不写福、禄、寿、喜这些吉利字，单写这'獨'字是何意思呀？"

　　张立德不怀好意地笑笑："此乃字谜也，让他自个儿猜去！"

　　差人将这斗方送到李调元府上，转身想走，李调元喊道："慢，待我回他斗方！"

　　李调元略一沉思，挥笔写了个"鴻"字让人带回。那张立德一看，顿时气得鼻子都歪啦。

　　你猜怎的？原来张立德写个"獨"字，是骂李调元是"蜀犬"。因为"獨"字右边的"蜀"字是四川简称，旁边的反犬旁表示狗，合起来就是四川狗。而李调元回赠江南才子的"鴻"字也不含糊。"鴻"者，拆开是"江鸟"也，究竟是啥意思，有待读者朋友自己揣摩啦。

# 按照文字朗读

dú
读

讀
金文

讀
小篆

讀
隶书

读
楷书

　　小篆的"读"字，是个左右结构的形声字，写作"讀"，左边的"言"字旁是形符，表示跟言语说话有关；右边的"賣"字是声符，读"mài"。这两个字形组合在一起，表示"按照文字用嘴来念"。将文字念出声音来，这就跟言语有关，所以"读"字用"言"字作形符。

　　古人为什么用"卖"字作声符呢？因为"卖"有大声叫卖的意思，而"读"是不断地从嘴里发出所念的声音，所以"读"字以"卖"字作声符并会意。

　　楷书的"讀"字是由小篆演变而来的，后简化为"读"。

　　"读"字的本义指"照文字念"。

　　"读"字由本义引申指"看、阅读"，如阅读书刊文章的人称"读者"，不出声的读称"默读"，充分阅读称"饱读"，审查阅读称"审读"，看并领会文章的内容称"阅读"。

　　"读"字又引申指"上学"，如用本人的劳动收入供自己读书称"工读"，努力读书或钻研某一学问称"攻读"。借读、走读、读中学、读大学等都是这个意思。

　　读是多音字，读音为"dòu"时，表示一句中要稍微停顿的地方。如句读。

## 享受阅读

这天，无锡东门中学的杨老师给同学们讲解了"读"字的音、形、义和相关词组。按惯例，他先让同学们分组讨论，在理解"读"字深刻含义的基础上，各人自由发挥，谈自己的感受。

金一鸣第一个走上讲台，谈"读"字里的"卖"字实在是妙不可言。他说："我在小学里，最怕读书写字。我爸爸一天到晚盯着我，要我好好读书，认真学习，星期天也要叫我在家读书。后来我想了个办法，爸爸不在的时候，我就抓紧时间玩，看到他回来了，我就大声读书，他听了很高兴，还表扬我。现在我明白了，'读'字里的'卖'字，就像菜市场小贩大声吆喝一样，是为引起别人注意。我总算弄懂'读'字为什么这样写了。"

美国同学牛皮·唐当即反对："你说得不对。我大声朗读唐诗心情很激动。没人逼我读，读了心里很舒服。"

杨莎莉说："这就是阅读的快乐呀。阅读不一定大声读，大声读那是朗诵啊。我喜欢默默地读，这是默读。读到令人激动的地方，还会淌眼泪呢。"

刘坤培说："你说阅读是快乐的，我看不见得，阅读也会带来苦恼。"

张晓玲说："那是因为你沉浸到故事里去啦。阅读一本好书是愉悦的，难怪有人把'阅读'说成'悦读'。读书读出眼泪来，读出烦恼来，都是被书中的描写吸引了，这不是愉悦吗？"

杨老师说："'阅'与'读'的意思有相同的地方，都有看书、读书的意思。人们把'悦'与'阅'联系在一起，借谐音赞美阅读的功能。我想，'读'字与'独'字同音，这里有没有一点关联？我读书喜欢默读，边读边想。读书是一个人的活动，在阅读别人写的文字时，体验他人的经历和经验。写作呢？是写自己的理想和抱负，让别人去解读，这些都是独自的思想活动，其实读书大声朗读的情况不多。像金一鸣那样，靠大声朗读打马虎眼的事儿，是小学水平。到了中学、大学以及步入社会，读书就要诵读、通读、精读啦。"

# 马行走时迟缓——笃

dǔ
笃

金文
小篆
笃 隶书
笃 楷书

　　小篆的"笃"字由两部分组成，属上下结构，是个形声字，上面的"竹"字头表示读音，下面的"马"字表示它的意思。《说文解字》对它的解释是四个字"马行顿迟"。从字面上看，就是马在行走时，迟缓、慢吞吞的。这就是"笃"的本义。

　　马是一种善于奔跑的动物。万马奔腾、一马当先是何等威武勇猛，现在却行走迟缓，偶尔还停下来，我们仿佛能听到马蹄在石子路上发出"的笃""的笃"的缓慢而悠长的响声。

　　马为什么走不快？看来是受伤了，也许生病了。这样，"笃"字就有了病势沉重、生命危急的意思，如病笃、危笃。

　　由"病笃"的深沉、沉重，又引申为忠诚、一心一意，如笃志、笃爱、笃诚、笃行而不倦。

　　"笃"字由忠诚专一又引申为坚实、牢固、真切等意思，如笃信、笃守、笃实。

　　由于有坚实、专一的意思，所以"笃"字在一些方言中就有肯定的意思。如笃定、笃笃定定。

东晋·王羲之《澄清堂帖》

唐·孙过庭《草书千字文》

## 笑着骂人——笃

宋朝有个秀才，经常写错别字，读错别字，别人指出来，他还不承认，非常不虚心。

一天，他在一张字条上将"骂"字写成了"笃"字。有人好心提醒他，他却一口咬定自己写的是"骂"字。

别人分析道："'骂'是用口来骂，所以上面是'口'字；而你写的是'马'上一个'竹'字，是笑的上半部，应该念'笃'。"

秀才知道自己写错了，却又抹不下脸认错，就把脖子一梗，厚着脸皮狡辩道："你知道什么？我这是笑着骂人。"

一字一世界

# 用土石筑成的一堵墙

dǔ
堵

堵 金文
堵 小篆
堵 隶书
堵 楷书

　　古代的"堵"字，是个左右结构的形声字兼会意字，左边的"土"字是形符，表示跟土石有关；右边的"者"字为声符，读"zhě"。这两个字形合在一起，指"古时候用土石建筑的墙壁"。这种墙壁大都长一丈，高一丈，呈方形。因是用土石建造的，所以用"土"字作形符。

　　古人为什么用"者"字作"堵"字的声符呢？因为古代的"者"字的上部是古"黍"字，下半部是"白"字简省的写法，这两个字形组合在一起，有"黍粒多而难以区分清楚之义"。"堵"字取其"土石相混杂难以区分"之义，所以"堵"字用"者"字作声符并会意。隶变后，楷体写作"堵"。

　　有人认为，古代筑土墙用板筑法。其实，现在许多农村在造简易的土墙时仍然用这种方法，用木板两边夹住，当中填土后再夯实，待风干后便成土墙。古时一板长的长度和五层板高度的墙称为"一堵"，因此，"堵"的本义为"古代墙壁面积单位"。后引申指"墙壁"，如观者如堵。

　　"堵"字由本义引申指"阻塞"，如堵车、堵塞、堵住、堵嘴、堵住漏洞、堵窟窿。

　　"堵"字由"阻塞"引申指"烦闷"，如心里堵得慌、"堵心"。

　　"堵"字作量词用，如一堵墙。

　　"堵"字也作姓氏用。

## 三人写诗 "赌、睹、堵"

却说明朝万历年间，在浙江湖州靠太湖边有个小村庄，坐落在一条大河入湖口。这儿有个小水闸，船要按顺序过闸，每日大小船只往来不断。湖边有家小饭馆，每到这时节，便生意兴隆，顾客盈门。有的在这儿喝酒谈心，有的在这儿玩牌赌钱，有的在这儿观赏湖景。

有位书生，见这美丽的湖光山色，不由诗兴大发。有位赌钱输了的赌客，见书生要作诗的样子，上前搭讪："看样子秀才要作诗。我今日赌输了，有首打油诗想请教。"

秀才说："好极。在下洗耳恭听。"赌客吟道：

"赌"字有"贝"在旁边，
赢钱快活似神仙。
输钱下次再翻本，
一赌为快我当先。

秀才听罢，拍手称好，也清清嗓子，吟道：

"睹"字有"目"在旁边，
风景如画水连天。
坐拥山水任我看，
一睹为快在眼前。

这时，已有好多人围上来，看他俩吟诗。饭店老板以为他俩在斗诗，也提高嗓门说："众位客官到小店相聚，这是我福分。我也凑两句，给各位助助雅兴。"说罢大声吟道：

"堵"字有"土"在旁边，
车船拥挤不断线。
小店客人来得多，
一堵为快我赚钱。

众人听了，纷纷鼓掌喝彩，湖边更显得热闹祥和。

一字一世界

# 以钱财作注赌输赢

dǔ
赌

赌 金文

赌 小篆

赌 隶书

赌 楷书

"赌"字是个左右结构的形声字兼会意字，左边的"贝"字是形符，表示跟钱财宝物有关；右边的"者"字是声符，读"zhě"。这两个字形组合在一起，表示"以钱财作注比输赢"。

"贝"字是钱财宝物的代表，所以"赌"字以"贝"字做形符。

古人为什么用"者"字作"赌"字的声符呢？因为古代"者"字上部是古"黍"字，下部是"白"字简省的写法，含有"黍粒多而难以区分清楚"的意思。而"赌"必须花费大量的钱财、时间和精力，所以"赌"字用"者"字作声符并会意。

楷书的"赌"字由小篆演变而来，写作"赌"，后简化为"赌"。

"赌"字的本义指"用钱财作注比输赢"，如用财物作注称"赌博"，赌博的本钱称"赌本"或称"赌资"，赌博的场所称"赌场"，赌博成性或以赌博为生的人称"赌棍"。赌局、聚赌、赌具、赌徒、赌窝、赌牌等都是这个意思。

"赌"字由本义引申指"比高下、争输赢"，如用任性的举动来表示心中的不满称"赌气"，发誓称"赌咒"；就某件事的真相或能否实现来赌输赢称"打赌"。

## 围堵"黄赌毒"

无锡西水关茶馆,是梁溪谜语研究会同仁聚会的地方,这天,会长马汉文和周其良路过西水关茶楼,见门口贴着一张告示,"本店内部装修,停业十天"。老马正奇怪,吴老板走出来,把二人让进小包间。没等老马问,吴老板谈起苦经来:"儿女们再三要求,为增加效益,要在大厅里划出三个小包间用做麻将馆……"

老马一听,皱起眉头:"吴老板想发财,茶馆改赌场啊!"吴老板忙解释:"就弄三个小包间,放在角落里,无妨大局,茶馆还是原样儿……"

老马没好气地说:"怎么会原样呢?来的人不一样,稀里哗啦的声音不一样,烟味跟茶香不一样,氛围不一样,名声不一样,我来喝茶会友变成进赌场了……"

吴老板很尴尬,很为难。马汉文招呼他坐下,说道:"你不是很相信我会测字吗?今天我主动给你测两个字。"说罢,蘸茶水在桌子上先写了个"财"字,说:"什么叫'财'?有钱外加才能才干就是财,这合理合法。"说罢又蘸水写了个"赌"字说:"什么叫'赌'?'贝'字加'者'字即为'赌'。这'者'字指人,什么人?是个有钱人。这个人干什么?以钱下注搞赌博。这种人,没有才干,只会坑蒙拐骗,以赌博为生。历朝历代,都把这种人称之为赌徒、赌鬼、赌棍。你好好一个茶馆,生财有道,为什么要把'财'字换成'赌'字?'赌'字里的人没有'才'啊。人生在世,要靠真才实干发财,靠赌博能有好下场?你虽不赌,但你开赌场,恶名远扬,你以为能有好下场?"

吴老板低头不语。马汉文又写了一个"堵"字说:"你晓得,'堵'字为什么跟'赌'字同音?赌是流毒,危害社会,有良知的人都要求堵住流毒,不使它泛滥成灾。报上大标题你看到过吗?'围堵黄赌毒',赌跟毒品一样,人人喊打,你怎能把它引入?"说罢,他对周其良说:"看来,我们得另选个地方,不能与赌场为邻。"

吴老板见两人走了,站在那里呆若木鸡。

一字一世界

47

# 树的名称——杜树

甲骨文的"杜"字是个形声、会意字，从土（tǔ）声，指杜棠树。这种棠梨树的枝条呈紫褐色，而中原地区的土地也大部分是这种颜色，所以"杜"从"土"声，并会意。金文字形由甲骨文演变而来，小篆字形与金文相似。

"杜"的本义是一种树，叫棠梨，通称杜树。

在现代汉语中，"杜"的本义已经不多使用了，而是多用作动词。首先可以用作堵塞的意思，如杜塞、杜闭、杜禁；也可以表示杜绝、制止的意思，如防微杜渐；还有臆造、虚构的意思，如杜撰。

"杜鹃"是一种鸟的名字，"杜仲"是一种很耐寒的落叶乔木。

"杜"也是一个姓氏。中国姓"杜"的有成就的人不在少数，如杜甫、杜牧都是唐代著名诗人。杜康则是传说中酒的发明者，后用来作酒名。

西周《散氏盘》

南朝宋《爨龙颜碑》

唐·孙过庭《书谱》

## 杜牧写谜联

晚唐诗人杜牧，曾考中进士，当过监察御史。他的千古名诗《清明》，至今仍为人们所传诵：

> 清明时节雨纷纷，
> 路上行人欲断魂。
> 借问酒家何处有？
> 牧童遥指杏花村。

人们在吟诵这首诗时，也许不知道，杜牧到杏花村喝酒，还有一段有趣的故事哩。

却说这天杜牧冒着蒙蒙细雨，来到杏花村。村头一家酒店，坐落在山坡上，背靠树林，门前一条小溪，既清静又整洁。

杜牧刚坐下，店主的女儿杏花便献茶问候。杜牧见她机灵可爱，便与她交谈起来。

杏花见杜牧谈吐不俗，知道他是个文人，便请求道："小店有个规矩，凡文人雅士来到小店，分文不收，但请留下墨宝。"

杜牧说："待我饮完酒再写，如何？"

店家端出好酒好菜，杜牧一边饮酒，一边欣赏小店四周景色，不由诗兴大发，对杏花说："姑娘，拿纸笔来！"

杏花将早已准备好的纸笔放到桌上，杜牧挥笔写下两行大字：

> 半边林场半坡地，
> 一曲牛歌一卷文。

杏花看了，连忙跪倒在地，对杜牧说："感谢杜大人，民女失敬了。"

杜牧扶起杏花，夸奖道："好聪明的姑娘！"

这是怎么回事？原来杜牧题的诗，既是一副好对联，又把自己的名字嵌了进去。"半边林场"是"木"字，"半坡地"是"土"字。"木"与"土"组合是"杜"字。"一曲牛歌"的"牛"，加上"一卷文"的"文"是"牧"字。这种对联又称谜联，杏花姑娘一眼就猜中，真是个聪明姑娘啊。

# 伸张两臂量长程——度

dù
度

庹 小 篆

度 隶书

度 楷书

　　小篆的"度"字是个左上包围结构的形声字兼会意字,右下方的"又"字表示手,作形符;左上方的字形是"庶"字简省的写法,这个字读"shù",作声符并会意。

　　古人为什么用"庶"字作"度"字的声符呢?

　　甲骨文的"庶"字是个会意字,字形像在山崖避风处,用锅灶烧火蒸煮食物之形。下面的四点表示"火",本义为"烧火蒸煮",隶变后的楷书写作"庶"。因烧火做饭是奴隶佣人的事务,后来"庶"字泛指平民百姓,称之为"庶民"。"庶"字由"民众"又引申指"众多、繁多"。而"度"的标准是众人所必须统一并知晓遵守的,所以古人用"庶"字作"度"字的声符。

　　楷书的字形由小篆演变而来,写作"庹"。

　　"度"字的本义指"计算长度的标准",如度量衡、度量。由本义引申指"以计算标准划分单位",如刻度、宽度、跨度、年度、纬度、经度。

　　由上义引申指"事物所达到的境界",如程度、高度、深度、亮度、浓度、坡度、广度、厚度、浓度、难度、弯度、硬度等词。

　　由本义又引申指"法则,应遵守的标准",如尺度、法度、国度、制度。又引申指人的胸怀、气量,如量度、大度、风度、态度。又引申指"由此到彼",如度假、度荒、度日、过度、欢度春节。"度"字也作量词用,如两度电、几度春秋。读作"duó"时,指"估计"和"推测",如猜度、测度、忖度、以己度人。

50

## "度"和"前度刘郎"

东汉永平年间,有个人名叫刘晨,他是浙江剡溪人。有一天,他约好友阮肇一起进入天台山采药。

两人进入山里,七拐八绕迷失了方向。深山荒无人烟,无人可问路。正焦急,忽见山下小溪边有两位绝色美女在洗衣,他俩忙不迭跑下去看。刘晨将采药迷路的事向她们讲了。眼见天色已晚,他俩请求借宿一夜,明日再寻路出山。两女子一口答应。

四人由溪边登上半山腰,走进一座由山洞改建的石屋,上书"桃源洞"三字。里面宽敞明亮,布置豪华,刘晨暗暗吃惊。两女子热情好客,安排他俩住下。

第二天,阳光明媚,刘阮二人见两女子楚楚动人,竟不忍离去,于是留下又住了几天。这下,彼此爱慕,双方有了感情,便成了两对夫妻,留了下来。

半年之后,刘阮二人想回家看看,那两位女子也不强留,将他俩送下山,指明路径,便依依作别,回山里去了。

刘阮二人回到家乡,发现面貌全非。经一番寻找,方知今日已是南北朝时期,东汉已过去三百多年,刘晨的子孙已传至第七代了。这真是天上方一日,人间越千年啊!两人再度进天台山寻找她们,但已不知去向。

到晋代,有位名叫葛洪的文人,将此事编成《神仙传》,书中说刘阮二人后来也成了仙人。

此事到了唐代,大诗人刘禹锡写了一首诗,最后两句是:

> 种桃道士归何处?
> 前度刘郎又归来。

诗中的"前度刘郎"是刘禹锡自称,"前度"在这儿指"前一回"。后人将"前度刘郎"作成语流传下来,表示离去之后重新又回来的人,也称"再度刘郎"。

# 通过水面——渡

小篆的"渡"字是个左右结构的形声字兼会意字,左边的"三点水"指"水",作形符,表示跟水有关;右边是"度",读"dù",作声符并会意。因指的是从水面上通过,跟水有关,所以古人用"水"字作"渡"字的形符。

古人为什么用"度"字作"渡"字的声符呢?

小篆的"度"字是个会意字,下面的"又"字指"手",表示伸长两臂量长短,本义指"计算长度与标准"。由本义引申指"推测",表示"程度""限度"。又引申指"法度""气度"。这样又引申指量词"几度",这个"几度"的"度"字不是指温度,而是"几次""几回"。因而又引申指"跨过",如度日如年、欢度佳节。(注意:在这个意义上只能用"度",而不能用"渡"。)"度"是由度量而来,用于空间上度过。为了分解字义,古人就在"度"字旁边加上"三点水",专指"跨过水面",所以古人用"度"字作"渡"字的声符并表意。

楷书的字形由小篆演变而来,写作"渡"。"渡"字的本义指"通过水面",如运载行人、车辆等横渡江河湖泊的船称"渡船",有船摆渡的地方称"渡口"。还有摆渡、渡轮、强渡、偷渡、引渡等词。

"渡"字由本义引申指"通过",如坐船渡河;或事物由一个阶段逐渐发展而转入另一个阶段称"过渡",如过渡时期;另外还有渡槽、渡过难关等词语。

## 官渡度官官过渡

中国是个大国，幅员辽阔。因为地方大，地名多，地名重复在所难免。就拿"官渡"这个地名来说吧。在河南许昌之北，与河北交界处有个渡口叫"官渡"，汉朝末年三国时期，曹操与袁绍两军对阵，在此展开决战，曹操奇袭袁军。官渡之战，成为中国军事史上以弱胜强的一次著名战役。

在云南昆明南效，地处滇池北岸也有个古镇名叫"官渡"。在安徽全椒跟和县交界处的滁河岸边，也有个渡口叫"官渡"。

却说明朝洪武年间，有位县令从南京过来，要到全椒上任，到了滁河边渡口，乘渡船到对岸官渡。船工见他官员打扮，后面还跟着当差的，便呵呵笑道："今日官老爷渡河到官渡啊！"

县令喜好吟诗作对，听得此言，记在心上。渡过河，便想到一上联：

　　　　官渡度官官过渡。

该县令后因公务繁忙，一直没对出下联。

离官渡十余里处有个古镇，镇上设有一座点将台。朝廷有位老将军告老还乡，回到这里。作为当地县令，理应去迎接拜访。老将军因年老腿脚不便，渡过河后，是乘轿子回来的。到了点将台旁，抬轿子的轿夫说："大人，点将台到了。"老将军走下轿来，县令迎上前去，将他搀扶到点将台上，以示尊重。

县令在登上点将台时，猛的想到当年到这儿上任渡河时作的上联，今日对出了下联：

　　　　将台抬将将登台。

如今这副对联仍在当地流传。但细加分析，下联"抬将"二字好理解，表示抬着将军，且"台"与"抬"同音。但上联的"度官"作何解释？度过乎？猜度乎？这"度"字与"渡"字的差别又在哪儿？着实让人费解。只好存疑，让读者诸君思量了。

一字一世界

# 金属附物体表面——镀

dù
镀

鍍 小篆

鍍 隶书

镀 楷书

"镀"字是个左右结构的形声字兼会意字，左边的"金字旁"作形符，表示跟金属有关；右边的"度"字读"dù"，作声符并会意，"金"字与"度"字组合，指"将一种金属附着在另一种金属或物体的表面上"。因讲的是金属附着在物体表面上，这跟金属有关，所以古人用"金"字作"镀"字的形符。

古人为什么用"度"字作"镀"字的声符呢？

"度"字的本义是指"计算长短的标准"，但它的引申义很多。因它是计算长短标准的，这就有长度、宽度之义，又引申指"境界的高度、广度"，再引申指"由此到彼"的意思，如度荒、过度等。而将一种金属附着在另一种金属或物体上，这就有"由这儿到那儿"的意思，所以古人用"度"字作"镀"字的声符并会意。

楷书的字形由小篆演变而来，写作"鍍"。

"镀"字的本义指"使一种金属附着在另一种金属或物体的表面上"，如用电解法在器物的表面镀一层薄薄的金子称"镀金"，也用来比喻获取虚名；镀在其它金属或物体表面上的金属薄层称"镀层"；利用电解作用，使金属或其它材料制作的表面，沉积一层坚牢的保护层称为"电镀"；还有镀塑、镀铜、镀银、喷镀、渗镀等词。

## 假金方用真金镀

　　唐朝有位大诗人名叫李绅，亳州谯人。他不仅是诗人，也是位高官，曾在唐武宗会昌二年任宰相。"锄禾日当午，汗滴禾下土，谁知盘中餐。粒粒皆辛苦。"这首脍炙人口的诗便是他写的。

　　放下宰相兼诗人的李绅不提，却说与李绅同时代，还有位诗人名叫章孝标。他是浙江桐庐人，此人一心想考个进士，在官场扬名，但一连考了八年多，都未考中，他很失望，就写了首名《归燕》的诗，把自己比喻为无处筑巢的归燕，抒发屡试不中走投无路的心情。李绅看到这首诗后，大为赞赏，鼓励他不必灰心，继续苦读，来年再考。

　　唐宪宗元和十四年，章孝标果然考中进士，授校书郎。此时的章孝标，得意忘形，在衣锦还乡时，写了首七绝寄友人：

　　　　及第全胜十政官，金鞍镀了出长安。
　　　　马头渐入扬州郭，为报时人洗眼看。

　　此诗意为：我中进士，胜过十个官员。如今我已镀上一层金出了长安。我快进扬州城了，你们要对我刮目相看啊。

　　这首狂妄自大的诗传到宰相李绅耳中，他很是不满，写了一首《嘲章孝标》，讥笑他：

　　　　假金方用真金镀，若是真金不镀金。
　　　　十年长安方一第，何须空腹用高心！

　　此诗意为：只有假金才要用真金去镀，如若是真金也用不着去镀。你在长安考了十年才中进士，如真有才学，哪用得着花这么大心血啊。

　　李绅的诗传开后，人们都称其讽刺得入木三分，从此文士们都瞧不起章孝标这"镀金进士"。他一生也没得到重用，只在地方上当了个小官。

# 站得直——端

duān
端

小 篆
端
隶 书
端
楷 书

　　"端"字是个左右结构的形声字兼会意字，左边的"立"字作形符，表示跟"站立"有关；右边的"耑"字读"duān"，作声符并会意。这两个字组合在一起，表示"站得直"。因"立"字本身就有"站立"的意思，所以作"端"字的形符。

　　古人为什么用"耑"字作"端"字的声符呢？这里有两个原因。

　　在甲骨文中，"耑"字是个象形字，字形就像草木枝叶初生之形，下面像草木的根须。金文稍有变化，小篆使其整齐化，隶变后的楷书写作"耑"。其本义为"植物初生的头"。这个头破土而出，向上直长，所以这"耑"字也有直立的意思。正因为这样，古人才用"耑"字作"端"字的声符并会意。

　　再说这"耑"字除了有"直立"之义，还有"一头"之义，所谓"一头"即"这一头"。"耑"字作偏旁后，"一头"之义由后起的"端"字承担，这便是"开端""顶端"和"两端"。由此可见，"耑"字是"端"字的本字，是最早的"端"字，所以古人用"耑"字作"端"字的声符兼表意。

　　楷书的"端"字由小篆演变而来，写作"端"。

　　"端"字的本义指"正、直立"，如端正、端庄、端坐、品性不端。"端"字假借指"东西的一头"，如笔端、尖端、上端、前端、首鼠两端。由上义引申指"事情的开始"，如开端、事端、争端。又假借指"方面、项目"，如端绪、要端、无端。还假借指"仔细看"，如端量、端详。又假借指"用手拿着、捧着"，如端茶送水、端着饭碗。

## "王八蛋"和"忘八端"

在日常生活中，人们难免会碰到一些令人恼火的事，忍耐不住，便会随口说出不雅的脏话或破口大骂，诸如"他妈的""混账东西""王八蛋"之类。"他妈的"被称之为"国骂"，挂在嘴边上，脱口而出。"王八蛋"可不能轻易出口，那是有辱先人的刻毒话。细究起来，这里既有历史典故，又有汉字谐音故事。花开两朵，各表一枝。我们先说"王八"的来历。

据《新五代史·前蜀世家》一书记载，"王八"指的是五代十国时的前蜀主王建。此人年轻时是个游手好闲的小混混，属无赖之类，偷鸡摸狗、顺手牵羊、坑蒙拐骗，可谓无恶不作。此人在家中排行老八，所以乡邻称他"贼王八"，简称"王八"。此说是有史为据的。

"王八"又如何成了"王八蛋"的呢？

有人考证，"王八蛋"与"王八"这人没关系。"王八蛋"是民间俗语，意为"王八下的蛋"。用"王八蛋"来骂人，始于明朝，盛行于清朝。你不妨找只乌龟细看，乌龟腹部甲壳的纹理上，有像汉字"王八"二字，于是人们就戏称乌龟为"王八"。那时，古人误以为雄龟没有交配能力，雌龟要跟蛇交配才能产出蛋来，王八所下的蛋不是雌龟雄龟交配的结果，所以有些古书上的插图乃至一些工艺品上，常看到蛇盘在龟身上的图案。正因为此，明清时期的市民便把妻子有外遇的男子称为"王八"，他们的子女称为"王八蛋"。当时也把从事色情事业的老板娘称为"老鸨"，她的丈夫称为"王八"。

还有一种说法就带点学术性了。有人考证，"王八"是"忘八"的谐音，"王""忘"同音。在这儿，"忘"是忘记的意思。忘记了什么呢？忘记了做人至关重要的"八端"。"端"有端祥、端正、端庄的意思，表示人的品行正派。正派高尚的品德可分为八个方面，即孝、悌、忠、信、礼、义、廉、耻。那些忘了这"八端"的人就被指责为"忘八端"。久而久之就被紧缩为"忘八"，后来又误传为"王八"。若一定要说清"王八蛋"三个字的来历，那就只能说"蛋"字与"端"字谐音，"忘八端"讹传为"王八蛋"，那也是顺理成章的事。

# 不长的——短

duǎn
短

短 金文

𥪙 小篆

短 隶书

短 楷书

"短"字是个左右结构的形声字兼会意字，左边的"矢"字作形符，表示跟箭之类的有关；右边的"豆"字读"dòu"，作声符并会意。"豆"字与"矢"字组合在一起，指物体或距离"不长"。

这话是什么意思呢？"矢"读"shǐ"。甲骨文的"矢"字是象形字，像一支箭。金文和小篆的字形都相似，隶变后的楷书写作"矢"。古人有个习惯，喜欢用箭来量东西的高矮长短。如"矮"字，就是指一个女子用箭在量禾苗的高矮。古人说到路途不远，常用"一箭之地"来形容。箭本身不长。"豆"字在甲骨文中是个象形字，指一种盛东西的高脚器皿。这器皿也不长。"矢"与"豆"这两样东西都不长，所以古人用这两样物品来表示"短"，即"不长"。

楷书的字形由小篆演变而来，写作"𥪙"。

"短"字的本义指"不长的，空间和时间的距离小"，如路程比较近称"短程"或"短途"，寿命短称"短寿"或"短命"，短距离的跑步称"短跑"，时间不长称"短期"，浅薄的见识称"短见"，狭窄而肤浅称"短浅"，目光短浅称"短视"。还有短篇、短评、短装、短暂、短语、短松、短缩、短兵相接等词。

"短"字由本义引申指"不足、缺少"，如短欠、短气、短缺、取长补短。由"不足"引申指"缺点"，如短处、护短、揭短、争长论短，这儿的"短"字都是指不足之处，指人的缺点。

## 五指三长两短

明朝洪武年间，福建闽南山区一个小县城，新调来的县令，是刚考中进士的福州人陈苏。陈苏发现，本邑乡民有赛诗斗诗的习俗，每年中秋及除夕，县城都举办灯会。一些大的镇子，每逢庙会，常有邻近乡民聚在一起，或对唱山歌，或吟诗唱和，或制谜猜谜，热闹非凡。

陈苏正巧中秋到任，按惯例，乡民们将在文庙举办赛诗会。他决定到时混在人群里，看个究竟。中秋之夜，明月当空，文庙前的广场上人头攒动。乡民们在广场中央搭建了个赛诗台，有位白发者拄着拐杖，走到台上向台下众人摆摆手，示意大家安静下来，他清清嗓子，大声说："老朽今日抛砖引玉，出一上联，有对出下联令我满意者，老朽就将这紫檀木龙头拐杖赠予他作奖品！"

这时台下呼声一片，催老者赶快出上联。

老者指指广场上的古塔，一字一句道：

宝塔圆圆，四方六角八面。

老者连说两遍，台下鸦雀无声。倒不是无人对出，而是众人在交头接耳切磋商量呢。陈苏是作对联的高手，他一时对不出下联。"宝塔"是名称，"圆圆"是形状，方、角、面也是形状，四、六、八是数字，要一一对仗且成句，颇不易。

正在这时，一个小姑娘跃上赛诗台，她伸出一只手，舞动五个手指，一字一句道：

玉手尖尖，五指三长两短。

语音一落，台下掌声一片，呼声四起。老者呵呵大笑，将拐杖赠予姑娘。小姑娘接过，道个万福又还给老者，纵身跳下赛诗台，隐到人群里去了。

陈苏见此情景，不由得欣喜不已。人常说"家有诗书不为贫"，此地民众，一个个腹有"诗书，可见人人精神富足，民风高雅淳朴，这样的宝地，何愁治理不好呢？

一字一世界

# 小鸟站在土堆上

duī
堆

小篆

堆
隶书

堆
楷书

　　甲骨文的"堆"字是个象形字，字形就像横看的"阜"字，一般写作左耳刀"阝"。金文和小篆的字形大致相同，都表示小土山之义。楷书的字形发生了较大的变化，写作"堆"。这样就变成了一个左右结构的形声字兼会意字，左边的"提土旁"作形符，表示跟泥土、土地有关；右边的"隹"字读"zhuī"，作声符并会意。"土"字与"隹"字组合，指"积聚起来的泥土"。

　　因是指积聚起来的泥土，这跟"土"有关，所以古人用"土"字作"堆"字的形符。古人为什么用"隹"字作"堆"字的声符呢？

　　有人怀疑，古人是否将"隹"字右侧的字形当作两个"土"字堆积在一起而成"堆"了？这恐怕不可能。那是"圭"（guī）字，表示美玉。古人不会搞错的。

　　有人做出合理想象，认为古人之所以用"隹"字作"堆"字的声符，是为突出土堆之高，有小鸟站立在上面。此说倒合情合理。

　　其实，汉字绝大多数都是形声了，不必强求每个形声字都要兼为会意字，那样反而是弄巧成拙，牵强附会。

　　"堆"字的本义指"积聚起来的泥土，即土堆"。

　　"堆"字由本义引申指"垒在一起的东西"，如土堆、草堆、雪堆、垃圾堆。由上义又引申指"累积、聚集在一起"，如堆积、堆放、堆砌、堆肥、堆存。"堆"字也作量词用，指成堆的物，或指成群的人，如一大堆人、一堆废品。

## 妙测"堆"字 救人一命

民国年间，南京夫子庙文德桥头的测字大师胡铁嘴，年近七十，是个以测字为生、以测字为乐的老人。一个深秋的夜晚，胡铁嘴从朋友家回来，路过秦淮河一个偏僻的码头时，听得一阵哭泣声，他循声望去，只见一妇人坐在码头边哭着。他走下台阶，关心地问："这位大姐，深更半夜，为何事这般伤心？"

这妇人见是位老人，便站起来，道了个万福，泣不成声地说："我从六合乡下来。丈夫外出经商，三个月不见音讯。今日特地请了个测字先生测测凶吉。我摸到这一堆土的堆字，测字先生说我丈夫人已入土，死在外地了。我也不想活了，打算投河自尽，随他而去……"说着，将手中摸到的"堆"字，递给胡铁嘴看。

胡铁嘴接过字牌，在月光下一看，便知原委了。他劝妇人道："我也是六合人。你就随我回家暂住一宿吧。我来给你测测看——我就是文德桥头测字先生胡大爷啊。"

妇人一听，如见到救星一般，要跪下磕头，胡铁嘴忙拦住她，将她带回家。胡老太太也是个热心人，生火烧水煮了碗面条让妇人吃了，还安排她床铺，让她住下。

待妇人吃罢饭，情绪稳定时，胡铁嘴提笔写了个大大的"堆"字对她说："你请的那位测字先生，把'堆'字拆解错了。这'堆'字左边是土，右边也有土。土生万物，土能生金。金木水火土，世上怎能没有土？种田人离得开土吗？土是种粮食养活人，不是用来埋葬人的。再说'堆'字中间的人，这是站立着的人，可不是倒卧着的人呀，怎能说你丈夫已入土了呢？再说你丈夫姓苗，苗家大姐，我告诉你啊，'苗'遇上'土'，庄稼长得更茂盛。你丈夫是做生意的，说不定会发财运，怎么会死了呢？"

这番话，说得妇人破涕为笑，第二天一早，就满怀信心地告辞回乡了。果如胡铁嘴所说，她丈夫因到江西深山贩运木材，一时断了音讯，出山后，赚了一笔钱，很快就回家了。

胡铁嘴妙解"堆"字，一席话，救人一命啊！

# 准确应对帝王询问

甲骨文的"对"字,既是个象形字,也是个会意字,左边的字形像古代大臣上朝见帝王时,手里拿着的"笏"(hù);右边是一只手;意思指大臣拿着手板上朝,以便准确回答帝王的问话。本义指"回答、答话"。

金文和小篆的"对"字有了变化,成了个会意字,写作"對"。由"丵、土、寸(表示手)"三部分组成,表示草木茂盛,以此说明"这个耕作方法是对的,正确的",所以"对"字有"正确"的意思。

"对"字的本义指"回答、答话",如对答、对唱、对应;由本义引申指"向着、朝着",如对光、面对、针对;由此又引申指"对面的",如对岸、对过、对方;由此又引申指"对应、彼此相对",如对抗、对手、反对、相对。

"对"字由本义引申指"看待",如对付、对策、对事不对人;又引申指"投合、相合",如对路、对相、对劲、文不对题;由"相合"又引申指"互相",如对称、对等、对换、对口;由此又引申指"比照检查",如对半、对开、对折;由"互相"又引申指"掺和",如对点热水;又指"正确、一定",如对号、绝对、不对。

"对"字也作量词用,如一对夫妻。"对"字也作介词用,如对人有礼貌。

"对"字也作姓氏用。

## 黄昏之时又相见——对

梁溪谜语研究会里，周其良可算是位资深老帅哥，年近花甲了，还保持着五十岁的风采。不知为何，这老兄至今孑（jié）然一身，形单影只，似乎是个独身主义者。有人说他年轻时高不成、低不就，蹉跎半生，现在找不到合适的对象了。

老马很关心老周的事。他也听老周说过，大学里谈过恋爱，但女方另攀高枝了，给他造成了伤害。再往远处说，高中时，他也曾暗恋过一位女同学，这位女同学姓"对"，名芳，单名"对芳"。他给她写过一封求爱信，也不知人家收到没有，这场朦胧中的爱情便不了了之。不料，最近在一次高中同学聚会中，他见到了对芳。四十年过去，她也五十大几了，但风采依旧。从交谈中得知，对芳一直在浙江工作，先生因病去世多年，她退休后回家乡定居……

老马听说此事，征求了周其良的意思，便主动当起了红娘。他多次邀请对芳参加谜语研究会的活动，还发展她当会员呢。他又借对芳过生日的机会，以周其良的名义，送她一副对联：

> 黄昏之时又相见
> 春风正绿江南岸

这副对联对仗不整齐、韵脚也不太上口，但细细推敲，内行人会看出，这是两个字谜。上联暗含一个"对"字："黄昏之时"指太阳下去了，即"时"字去掉日，剩下"寸"字；"又相见"，就是把"又"字接上去，配成个"对"字。这个"对"字既是对芳的姓，又包含求爱的意味，希望与她成双配对，而且点出了这老年人的黄昏恋弥足珍贵。

下联暗含一个"芳"字："春风正绿"指的是草字头，草儿春风吹又生嘛。"方"字在"艹"字的下方，按"上北下南左西右东"来划分，"方"字在南，可谓"江南岸"。这"芳"字既是对芳的芳名，又表达了老周对她的仰慕。为这副对联，老马动足了脑筋啦，还不知这美满姻缘能否一线牵哩。

# 音译重量单位——吨

dūn
吨

"吨"字是个后起字，《说文解字》中未收录。

"吨"字的繁体字写作"噸"，从字形上分析，这是个左右结构的形声字。楷书的"噸"字由"口"字和"頓"字组成，"頓"作声符读"dùn"，如今简化为"吨"。

"吨"字是英语和法语的音译专用字，本义为重量单位。公制一吨等于1000公斤，英制一吨（长吨）等于2240磅，合907.18公斤。

"吨"字又指登记吨，计算船只容积的单位，一吨等于2.83立方米（合100立方英尺）。

"吨位"是指车、船等规定的最大载重量。船舶的吨位为满载排水量减去空船排水量。计算船舶重量时，按船的容积计算，以登记吨为一个吨位。"吨公里"是货物运输的计量单位，1吨货物运输1公里为1吨公里；"吨海里"是货物海运的计量单位，1吨货物运输1海里为1吨海里。

噸 小篆

噸 隶书

吨 楷书

## 推屯往右成吨

汉字"形音义"三者结合，有它独特的魅力。汉字，也为人们的生活带来欢乐。猜字谜、成语接龙、行酒令……那真是五花八门。

这年，全国有几十名小学语文特级教师，齐聚杭州，研讨趣味识字教学课题。

会议期间，教师们童心大发，把所能想到的识字游戏教学法，都亲身体验了一遍。猜字谜、成语接龙、讲汉字故事……大家模仿儿童做游戏，玩得很尽兴。

会议结束时，主办单位设酒宴，大家刚坐下，有人就提议行酒令，要求依桌次，每人说一个复合结构的单字，然后将复合结构部分重新组合，使其变成另外一个字。要做到这一点，有些难度。倡议者让大家构思了一会儿，然后由先行令者作示范，接着依座次一一顺延下去，都按照这一规格行令。

先行令者示范道："我说'屯'在'口'内为'囤'，推'屯'往右成'吨'。大家就按这个格式行令，读音吐字一定要准。"

接着下一位接令道："木在口内为困，推木在上成杏。"

接着，大家依次行令——

木在口内为困，推木在下成呆。
十在口内为田，推十往上成古。
十在口内为田，推十往右成叶。
禾在口内为囷（qūn），推禾往左成和。
儿在口内为四，推儿往下成兄。
女在口内为囡（nān），推女往左成如。
勿在口内为囫（hú），推勿往右成吻。
……

就这样，大家越说越多，越说越热闹，越说越开心，连喝酒都忘了。

一字一世界

# 不锋利的刀很钝

**dùn 钝**

小篆的"钝"字是个左右结构的形声字兼会意字,左边的金字旁作形符,表示跟金属有关;右边的"屯"字作声符兼表义,这个字读"tún",指刀剑不锋利。

刀剑都是用金属打制而成,所以"钝"用金字旁作形符。因为"屯"字有驻扎下来,不再前进的意思。而刀剑之类不锋利,用时不方便,费时耗力,也有停止不前的意思,所以"钝"字用"屯"字作声符并会意。

楷书的"钝"字是由小篆演变而来,写作"鈍",后简化为"钝"。

"钝"字的本义指"不锋利",如这把刀太钝。成语"成败利钝"中的"利"字指"锋利",引申为"顺利、成功";"钝"字指不锋利,引申为"挫折、失败";"成败利钝"指事情的成功与失败,顺利与挫折。

"钝"字由本义"不锋利",引申指"不灵活,笨拙",如感观、思想、行动等反应慢、不灵敏称为"迟钝";愚笨、软弱称为"顽钝","鲁钝""愚钝",都指笨拙、不灵活、不伶俐。

鈍 小篆

鈍 隶书

钝 楷书

## "快剑"与"钝剑"

　　古代文人雅士在聚会时，常吟诗作对，抒发心头感慨，也借此展现自己的才华。正规场合，以作诗词与对联为主，在游玩或饮酒时，也以作小令行酒作乐。这些大都是即兴创作，要文字功底深厚，才思敏捷才能应付这种局面，否则就会显得很尴尬，被弄得下不了台。

　　明朝嘉靖年间，无锡有两位书生，拎了酒食果品，一同出城，登惠山郊游，他们一边赏山景，一边谈诗论文，好不开心。

　　到得半山腰，两人在松林坐下休息。吴树生打开酒壶想喝口酒解解乏。长他两岁的陆文才阻拦道："慢着，难得有今日好天气好景色，你我都有好心情，何不来个行酒令，然后再喝酒？"

　　吴树生盖上酒壶说："好吧，兄长有文才，请出题。"

　　陆文才说："今日你我登山，按行令规矩，要说上山见一古人，下山又见一古人，半路见一物件，末句要总结前面两句。"

　　吴树生看看手中的青梅酒，思索一番吟道："那我就先来吧。听着：'上山遇见狄青，下山遇见李白，路上拾得一瓶酒，不知是清酒是白酒。'"陆文才听罢，拍手叫好。思考一番，吟道："上山遇见樊哙（kuài），下山遇见赵盾，路上拾得一把宝剑，不知是快剑是钝剑。"

　　两句小令，如同一副对联，上下对仗工整，构思精巧。所列举的都是历史名人，充分利用了这四位名人姓名中字的谐音："青"与"清"谐音；"哙"与"快"谐音，"盾"与"钝"谐音。由这些字的谐音，再归结到"不知是清酒还是白酒"和"不知是快剑是钝剑"上，这样就是严格按行令规则来创作了。尤其是"快剑"与"钝剑"很难搭配，这就看作者的文字功夫了。

# 叩头至地而止——顿

dùn
顿

小篆的"顿"字是个左右结构的形声字兼会意字,右边的"页"字作形符,表示跟人的头部有关;"顿"字左边的"屯"字读"tún",作声符并会意。"屯"字与"页"字组合,指"人叩头时头一直碰到地面为止"。因是指人叩头,这与人的头部有关,所以古人用"页"字作"顿"字的形符。

古人为什么用"屯"字作"顿"字的声符呢?

甲骨文的"屯"字是个象形字,字形像初生的草艰难地从地上冒出来,故"屯"有"艰难破土"之义;后假借指驻扎屯兵,有"屯田""驻屯"之义;既驻扎下来了,也就是不再往前了,故又有"停止"之义。一个人叩头时脑门一直碰到地面为止,这也有停止之义;再说,人叩头时必须弯腰曲背,双膝跪地,也有艰难不便之义,所以古人用"屯"字作"顿"字的声符并会意。

楷书的字形由小篆演变而来,写作"顉",现简化为"顿"。

"顿"字的本义指"以头叩地",如叩头也称"顿首",多用于书信。"顿"字由本义引申指"立刻、忽然",如忽然、突然称"顿然",立时、立即称"顿时",立刻领悟称"顿悟","茅塞顿开"就是指一下子明白了。"顿"字由"忽然"引申指"短暂的停止",如中断或暂停称"停顿";停顿转折称"顿挫",如:抑扬顿挫;句子中较短的并列词语之间的停顿是"顿号"。由上义引申指"安置、处理",如安顿、整顿。还引申指"疲劳",如困顿、劳顿、疲顿。"顿"字还作量词用,如大吃一顿。读作"dú"时,指"冒顿",是汉朝初年时匈奴君主的名字。

顿 小篆
顿 隶书
顿 楷书

## "顿"和"一顿饭"

古人为什么用"顿"字作为吃饭次数的计量单位呢?它的出典在何处?

"顿"字右边的"页"指人的头部,左边的"屯"除了有曲屈难伸之义外,还有聚集、滞留的意思,所以北方人将村庄称作"屯"。因为"顿"有叩头至地而止之义,所以又引申为"放置""驻扎""屯兵"之义。

据史记载,隋朝的第二任皇帝隋炀(yáng)帝,生性多疑,穷奢极欲,每到一处,都"数道置顿"。这里的"顿"指食宿之所,即吃饭住宿的地方。隋炀帝怕人暗害,每到一处都要安排好几个住所。这住所就称"顿"所,也指驻扎的营房或馆舍。"顿"字作为吃饭的量词是由此产生的。因为在"顿所"里吃饭,自然而然就有一顿饭、两顿饭的说法了,后来也说"一回""一次"或"一餐"。

南朝时刘义庆写了本笔记小说集《世说新语》,其中有一篇讲了个有趣的故事。说的是湖北襄阳有位穷书生名叫罗友,因家中贫困,饭都吃不饱。这天,他听说有户人家祠堂祭神,一大早可供人吃顿早饭,他就早早地在门外等了。主人出来迎神时,见他躲在门角落,惊奇地问:"你躲这儿干什么?"罗友落落大方地说:"听说府上要祭神,我想讨一顿早饭吃吃。"他说这话时毫无愧色,被人认为这人不拘小节,有奇才。后来,罗文果然被官府录用,担当重任。

这则故事说明,在南北朝时期,人们已将"顿"字用作吃饭的量词了。一顿饭、三顿饭已成口语。

古时礼节中有"三跪九叩首"之说。其中第二跪叫"顿首",指叩头至地,不停留,触到地就立即抬头,顿一下,由此就引申出作量词使用的次数之义,这就与"屯驻"的"顿所"之"顿"相吻合了,这两处出现的"顿"字,同时作为量词用,因此把"顿"字说成一顿饭两顿饭的出典也在于此。

## 两个加起来表示 多

duō
多

甲骨文和小篆的"多"字,字形差不多,是由两个"夕"字叠在一起组成的。两样东西加在一起,不就是"多"么。因此,"多"字是会意字。

有人认为,"多"字里的"夕"字,是"夕阳西下"的"夕",表示夜晚。两个夜晚加起来,就是一个夜晚连着一个夜晚,这就是"多"。

也有人认为,"多"字里的"夕"字,不是表示夜晚的"夕",而是人们爱吃的"肉",因为古代的"夕"字与"肉"字相同。两块肉堆在一起,这就是"多"。

不管是两个夜晚连在一起,还是两块肉堆在一起,都是两样东西加起来,其意义都是表示"多",因此,多的本义是表示数量大,跟"少"和"寡"相对应,如多面手、多种多样、多才多艺。同时,"多"还表示超出了原有的或应有的数目,比原来的数目有所增加,如多了一元钱、多了一个字。另外,"多"还表示过分的、不必要的,如多心、多疑、多嘴多舌。

"多",也是一个姓。

明·王铎《拟山园帖》

明·王铎《草书诗卷》

## 今夕何夕——多

民俗风情，千奇百怪。有些风俗，流传了千百年。要适应一些风俗，还要斗智斗勇呢。

男女结婚有个风俗叫闹新房。俗话说，闹新房三日无大小，也就是说，在这三天内，客人可尽情地闹。

苏北阜宁县杨集乡，有个老汉叫陈家富，他儿子结婚，亲朋好友已闹了两个晚上，第三晚闹得更欢了。

大家闹得很文明。有人提议由新郎出上联，新娘对下联，合写一副对联让大家品味。好在两人都爱好文学，这难不倒他们。

新郎大声念道："两夕为多，今夕何夕？"

上句巧用拆字法，两个"夕"为"多"字，寓意是大家已闹了两个晚上，闹得够多了。下句"今夕何夕"，是古代闹新房时的唱词，表示庆贺和赞叹良辰美景的，用在这儿很得体。

新娘听罢，沉吟一会儿，款款念道："三心共蕊，将心比心。"

这下联对得很工整，意思是诸位也该体谅我们新婚夫妇劳累多日，闹新房到此为止吧。

岂料几个小伙子不依不饶，还大声嚷嚷："按道理，三个心字上不能有草字头，有草字头是蕊字，不对，没草头，没草头！"

这时，老公公出来为儿媳打圆场了。他抓住这句话说："你听，这位小老弟连声说没有草（吵）头，没草（吵）头，那就不要草（吵）了嘛，大家干一杯，回家睡个好觉吧！"

老公公一语双关，逗得大家哈哈大笑，一个个尽兴而归了。

# 惊诧和呵斥——咄

duō
咄

"咄"字是个左右结构的形声字兼会意字，左边的"口"字作形符，表示跟嘴巴有关；"咄"字右边的"出"字读"chū"，作声符并会意；"出"字与"口"字组合，指"惊诧和呵斥"。因是指惊诧和呵斥，跟"口"有关，所以古人用"口"字作"咄"字的形符。

古人为什么用"出"字作"咄"字的声符呢？

甲骨文的"出"字是个会意字，表示用脚从穴居的门口出走之意，本义指"从内到外"。有外出、出现、出发、出生等意，由此又引申指"逐出""赶出去"之义。当一个人惊奇或愤怒时，发出的呵斥责骂声从口而出，这跟"出"字密切相关，所以古人用"出"字作"咄"字的声符并会意。

楷书的字形由小篆演变而来，写作"咄"。

"咄"字的本义指"惊诧、呵斥"，如表示惊诧或感叹称"咄咄"；形容气势汹汹，盛气凌人称"咄咄逼人"；吆喝称"咄嗟（jiē）"，"咄嗟立办"原指主人一声吩咐，仆人立刻就办好，现在指马上就办到；呵斥也说作"厉声咄之"；令人感到惊讶而难以理解的怪事称"咄咄怪事"。

咄 小篆

咄 隶书

咄 楷书

## 咄咄怪事，怪在哪儿

晋朝年间，山西高平县有个人名叫殷浩。这人既有思想，又有口才。据笔记小说集《世说新语》记载，有人问他："听说凡梦见死人者会得官；梦见屎尿者会得财，这是真的吗？"他立马答道："官本是臭腐烂尸，财就是狗屎粪土。"他的回答干脆利落，十分尖刻，受到当时人吹捧，被认为是至理名言。

但是以殷浩的一生经历看，他并不厌恶做官，也不是没做过官，而且做的官还不小呢。

在晋武帝时，他曾当过"征西将军"的参谋，后来退隐了十几年；到晋康帝时，被授予"建武将军"头衔，当了"扬州刺史"；后来又担任"中军将军"。可是，当时晋朝内部不稳，各派势力争权夺利，相互倾轧（yà），加上他几次战事失利，最终被撤职查办，流放到信安，即今日浙江衢州。从此就没有再做过官。

殷浩被免职流放，对他是个沉重的打击。他变得沉默寡言，郁郁不乐。据《晋书·殷浩传》记载，他被黜（chù）免后，没跟外人说过一句牢骚话，对家人也从不诉苦，一点儿看不出他对流放生活有什么不满。他只是沉默不语。后来家人发现他有个怪习惯：他常用食指悬空一笔一画地写字。经暗中观察，他对空写的四个字是"咄咄怪事"。这真是件咄咄怪事！

《世说新语》是这样记载的：殷中军被废，在信安，终日恒书空作字。扬州吏民寻义逐之，窃视，惟作"咄咄怪事"四字而已。

由此可见，殷浩嘴上没说，心中却是愤愤不平的。他将自己被免职看作是"咄咄怪事"。后来人们就将令人惊叹的怪异的事情就称作"咄咄怪事"。这种事出乎意料，且又无法理解，只能发出"咄咄"的叹息声。这"咄咄"二字，将有冤无处申、有苦口难言的痛苦情状充分表达了出来。后人还将这个典故紧缩为"书空"一词，形成成语"书空咄咄"，与"咄咄怪事"同义。

# 鸟从手中飞走了——夺

duó
夺

金 文

小 篆

奪
隶 书

夺
楷 书

"夺"字是我们常用的一个动词，其本义为"失掉"。简写的"夺"，就字形而言，已说不出有什么奥妙与造字的道理，它是由繁写的"奪"字简化而来的。说到繁写的"奪"，那就大有讲究了。

金文的"夺"字，上面是"衣"字，当中是只小鸟，下面是一只手，意思是用手把小鸟放在衣服口袋里。这种说法似乎跟"夺"的本义联系不上。有人认为，上半部是只振翅欲飞的鸟，下面是只手，这是个会意字，表明一只鸟儿从手中飞走了。大有脱手而出的意味，这就跟"夺"的本义靠近了。

小篆的"夺"字，形状上略有变化，上面的"衣"字改为"大"字，当中为"隹"字，即大的鸟，猛禽之类。下面是"寸"字，也指手。意思是"大隹"振翅欲飞。"夺"的本义就是已抓在手中的鸟又失去了。由这个本义引申为失去、丧失的意思，如剥夺。

"夺"的主要意思是强取、抢掠，如巧取豪夺、掠夺、强词夺理；"夺"也有争取的意思，如夺高产、夺冠军；"夺"还有胜过、压倒的意思，如巧夺天工、先声夺人。

对"夺"字繁写的形体，有学者提出不同的理解。他们认为：手中的鸟儿刚要飞走时，被人立即抓住，没有飞走，因此这"夺"字才有夺取、抢夺的含义。这一说法，亦言之有理，且更深化了"夺"字的内涵。

## 一寸佳人——夺

明朝洪武年间，南京有一家古董店的老板，他特别喜欢制谜，供大家来猜。

这天，他从古玩中拿出一个玉雕的美女放在店堂外的小方桌上，要大家猜一个字，并许诺谁猜中了，玉人就归谁。

玉人长一寸左右，玲珑透亮，十分惹人喜爱。许多人成天围着它，你一言我一句，但没有一个人猜中。

三天后，一个书生走到了玉人跟前，思索片刻，伸手将玉人揣进了怀中。老板见状，忙说："你还没猜中谜底，怎么就要把玉人拿走呢？"

书生嘻嘻一笑，说道："我这个动作不就是谜底吗？"说罢，扬长而去。

围观的人见老板竟不阻拦，心里更是迷惑，没等开口问，老板慢慢解释了起来："一寸高的玉人，也可称作'一寸佳人'，而这四个字合在一起，便成了一个'夺'字，所以刚才那个年轻人的举动，正是谜底。"

# 身心懒散不进取——惰

小篆的"惰"字是个左右结构的形声字兼会意字,左边的"竖心旁"表示"心",指跟"心"有关;右边是"𡐦"字,读"duò",这个字是"堕"字简省的写法,原为"墮",现简写为"堕"。"堕"字与"心"字组合,指一个人的身心懒散,不思进取。因指人的身心懒散,这跟心理有关,所以古人用"心"字作"惰"字的形符。

古人为什么用"堕"字作"惰"字的声符呢?

小篆的"堕"字指人从山崖上掉下来,有自上落下来之意。而懒散的人无上进心,常自甘堕落,所以古人用"堕"字作"惰"字的声符并会意。

楷书的字形由小篆演变而来,写作"惰"。

"惰"字的本义指"懒惰、不思进取",如不想改变消极落后状态的习性称"惰性",游手好闲、不务正业称"惰游",懒散轻薄称"惰慢",懒惰、不勤奋称"怠惰"。

# 不为冥冥惰行

成语"不欺暗室",我们很少用到。据考证,这一成语,在魏晋南北朝时期就流行了。"不欺暗室",应看作是遵纪守法、光明磊落的优良品质。若要考证"不欺暗室"这一成语的原型,恐怕要将历史推到春秋时期的卫国了。

却说一天夜晚,卫灵公与夫人在宫中彻夜长谈。这时,他们听到远处有马车轰隆隆奔驰而来的车轮声,但到了宫门外,突然没了声息,车子似乎停了下来,但不一会儿又启动了,渐渐远去。

卫灵公问夫人:"你猜这是谁乘车过去了?"

夫人答道:"这还用问?这肯定是蘧(qú)伯玉啊!"

卫灵公问:"你何以知之?"

夫人道:"按规定,凡经过宫门外的车马,乘车者到此都应停车,手扶车杠,向宫门方向致礼,然后下车,步行过了宫门再上车,以此表示对君王的敬意。蘧伯玉是位贤人,即使现在夜深人静,他也会按照礼制行车,先行礼,再下车步行,过了宫门再上车。"

卫灵公探头朝宫门外大路望去,果然是蘧伯玉的马车。卫灵公夫人评价他"不为冥(míng)冥惰行"。"冥"字指黑暗,在这儿指没人看到。又说他"必不以暗昧废礼"。暗,指黑暗,没亮光;昧(mèi),作书面语,指昏暗。"暗昧"在这儿指黑暗,没亮光。认为这样的人绝对不会因没人看到而忘记礼节和规矩。"不欺"指不昧着良心之义。即使在人们看不到的地儿,也不做昧良心的事。这些,都含有"不欺暗室"的意义。

"惰"字指"懒惰"和"惰性"。一种优秀的品质、良好的习惯,是在日常生活中磨练出来的,它要有坚强的毅力和崇高的理想作支撑。要培养出这种品质,不仅仅是不怕疲劳、不偷懒、不懒惰,更要有持之以恒、孜孜不倦地追求的信念,完善自己人格的决心,这恐怕就是修身养性吧。

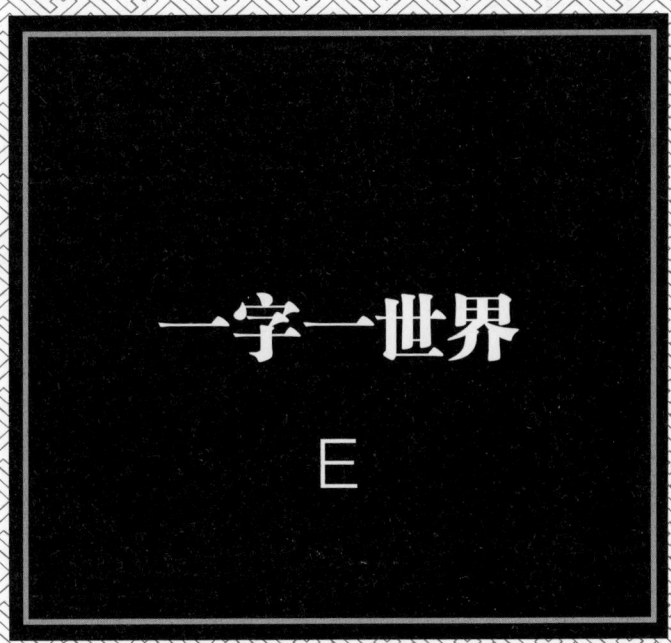

# 找借口讹诈钱财

古代的"讹"字是个左右结构的形声字兼会意字，左边的"言"字是形符，表示跟言语讲话有关；右边的"化"字是声符，读"huà"。这两个字形结合在一起，指"假借或编造某些理由来欺骗别人的财产"。

骗人钱财，都得花言巧语，说尽骗人的鬼话或吓唬人的威胁性的狠话，所以用"言"字作形符。

古人为什么用"化"字作"讹"字的声符呢？这就得分析一下古代的"化"字了。古代的"化"字是个形声字兼会意字，左边是单人旁，表示与人有关；右边是"匕"字作声符，读"huà"，指人受教育后的变化，"匕"有变化的意思，所以用作声符并会意。"化"字的本义指"改变、使改变"。正因为"化"有变化多端的意思，而骗人者都是变化各种方式骗人，他们的行动也是变化无常，所以"讹"字用"化"字作声符并会意。

"讹"字的本义指"敲诈"，假借某种理由向他人强行索取钱财叫"讹诈"，有讹诈钱财，也有政治讹诈。

"讹"字也指错误，错误的传说称"讹传"；错误和差错称"讹谬"；文字上的错误称"讹误"；成语"以讹传讹"指把本来就是错误的东西再传扬开去。

## 一句话就能化解——讹

在报纸、电视中，我们常看到有关城市管理员和执法队员因拆除违章建筑，跟业主发生纠纷的报道。舆论往往站在业主一边，批评执法人员态度粗暴，不关心弱势群体……这些话也有道理。但若是碰上极端自私又是有权有钱的户主呢？这恐怕要另当别论了。

无锡城中有个高档小区，坐落在梁溪河边。小区内有大片绿地，是业主们散步休息的好地方。待业主们陆续入住，开始装修后，麻烦事儿来了。靠近角落一楼的一户人家，将自家门前近两百平方米的绿地，在边上种上冬青树，仅在河边留一条小路，剩下的成了他家的私人花园。隔壁一户人家跟着模仿，四周打下木栅栏，在里面种花种草，还挖了个小鱼塘。第三户人家可就更高级了，除了假山，还有游泳池呢。第四户、第五户……一排总共八户人家，几乎占了一半绿地。这几户人家结成了牢不可破的联盟，还用水泥浇铸了一块水泥板，上书八个大字：和谐社会，美化环境。他们反倒成了为民造福的善人了。

这事激起了广大业主的不满。物业管理处劝阻无效，只好告到法院。法院调解不成，做出判决，责令八户业主恢复原貌，否则由市容执法队强制执行。这下，执法队长大老刘就被推到风口浪尖上。这八户人家都是有来头的。大老刘家的七姑八姨受人之托纷纷来说情，要执法队拖延几天。这八户人家为了保全私家花园，正在分头活动呢。大老刘认死理：我遵照上级指示，按期执行。

那八户人家能耐可够大，"人才"也够多。当天，大老刘接到一条短信："刘队长，我朋友的小院子请手下留情，否则，你家不得安宁。"接着传来一张照片：大老刘和一年轻女子紧紧靠在一起喝茶聊天。

大老刘淡淡一笑，立马回了一条短信："你在讹诈我。我一句话就能化解你这讹诈。还是自行拆除吧。"

原来，照片上那年轻女子是大老刘的堂妹，竟被那帮人偷偷拍来讹诈。而大老刘"一句话就能化解"又是一语双关，既点出了"讹"字，又表白了自己依法执法的决心和毫不畏惧的信心。

# 头部偏向一边——俄

é
俄

俄 金文

俄 小篆

俄 隶书

俄 楷书

  古代的"俄"字是个左右结构的形声字兼会意字，左边的单人旁是形符，表示跟人有关；右边的"我"字是声符，读"wǒ"。这两个字形合在一起指"人的头部偏向一边"。而"我"字有"偏向一边"的意思，所以"俄"字用"我"字作声符并会意。

  "俄"字的本义指人在行走时，头部略有偏侧，或略有倾斜的样子。

  "俄"字的本义现在已基本不用了。可能人们的头部略有偏侧或倾斜，但也不是一直歪着头，只是暂时的状态，所以"俄"字被引申指"时间很短、突然间"，如"俄而"指"不久，一会儿"，也称作"俄尔"。

  人们把"顷刻间，很短时间"称为"俄刻"，也称"俄顷"；突然也称"俄然"；延迟、拖延也称"俄延"。

  现在"俄"字用得最多的是翻译词"俄罗斯"。

  俄语是世界上一大语种，我国有不少人学俄语，会讲俄语。

  "俄"字也作姓氏用。

秦汉画像瓦当

## 旁若无人　唯我独尊——俄

　　二十世纪五十年代和六十年代初，中国和苏联两国的关系十分密切。中国尊称苏联为"老大哥"，要向苏联学习，这样，在中国掀起了学俄语的热潮，很多中学开设俄语课。无锡第二中学的俄兴华和郭梅珍，都是俄语班的高材生。

　　也不知俄兴华是沾了姓俄的光，还是他俄语学得特别好，高中毕业时，他就和郭梅珍等七八个同学，被保送到北京外国语学院俄语系学习，三年后留学苏联，两人结为连理。他们在苏联学业有成，回国后在大学任教，还从事俄罗斯文学的翻译工作。如今，他俩都是七十多岁的老人了，但两人的话题还是离不开俄语。

　　这天晚上，俄老师参加完学生会举办的联欢晚会回来，手拿一张纸条，对老伴郭老师说："晚会上有个节目猜谜语，几位新来的学生给我出了几个字谜让我猜，我一个也猜不出，他们叫我带回来考考你。"

　　郭老师接过纸条一看，第一个是"我在你左右"。她想来想去，怎么也猜不出，后来她干脆叫俄老师站着不动，她一会站到俄老师左边，一会站到他右边比划着。她心想：我是人，在"我"字左边不是个"俄"字吗？再说，"你"字是由单人旁和"尔"字组成的，而"尔"又有"你"的意思，也就是说，"我"字不管放在"你"字右边，还是放在"尔"字左边都是"俄"，这就是"我"在"你"左右都是"俄"字啊。联想到俄老师姓"俄"，这下一切都迎刃而解了，剩下的七八个谜语，谜底都是"俄"字。这些学生，真是挖空心思啦，他们制作的字谜，还蛮有水平呢。像"我给你一半""人有我有，人无有我""先人后己、从我做起"，这些字谜，无论是思想性，还是艺术性，都堪称一流。

　　最让两位老教授赞不绝口的，是这样一条字谜："旁若无人，唯我独尊。"在此，我们不再多嘴多舌地妄加议论，留待读者朋友细细品味吧。

é
鹅

鹅
金文

鵞
小篆

鹅
隶书

鹅
楷书

# 高大俊美的 鹅

　　"鹅"字是个左右结构的形声字，左边的"我"是声旁，表明这个字的读音；右边是"鸟"字，表明这个字与"鸟"有关。

　　"鹅"是一种家禽，个头比鸡鸭大，颈子长，嘴扁而阔，脚有蹼，能游泳，吃谷物、蔬菜、鱼虾。

　　家禽大都是由野鸟长期驯化而来的，所以家禽都离不开一个"鸟"字。这也表明，"鹅"的祖宗是"鸟"。用"我"字作声旁，这里很有讲究，也很有趣味。

　　在甲骨文中，"我"是个会意字，是指一种长柄武器。这长柄武器式样美观大方，可作为礼仪或护卫用，所以"我"包含大和美的意思。

　　我们若将鹅与鸡鸭相比，从形态上讲，那确实高雅俊秀得多了，所以用"我"作声符，也有赞美鹅高大俊美的意思。难怪东晋大书法家王羲之那么喜欢"鹅"啊。

宋·苏轼

## "青鹅"二字为罪证

唐朝女皇武则天临朝听政后,前朝大臣徐敬业的儿子起兵造反。这一消息一传到长安,武则天立刻召集群臣商讨对策。有人主张发兵讨伐。谁知中书令裴炎不仅坚决反对讨伐,还奏请皇太后"归政"让位。武则天顿时火冒三丈,没想到平日信任无比的裴炎竟说出这种话,所以商讨一结束,就马上派人把裴炎严密监视起来。

事情也巧,裴炎到家没多大一会儿,徐敬业派来拉拢他入伙的密使便上门了。经过一番交谈,裴炎答应与徐敬业里应外合,共反朝廷,最后还写了一张字条给来人带走。他哪知道,密使刚一出门,就被外面监视的人抓了起来,并从他身上搜走了字条。虽然字条上只有两个字"青鹅",但裴炎还是以"通贼谋逆"的罪名被捉拿到刑部。

仅凭"青鹅"两个字,哪能让裴炎伏罪?许多不明真相的官员开始为他叫起屈来。等众人安静下来,武则天才不慌不忙解释道:"'青'字拆开是十二月,而鹅字拆开是'我自与',这分明是他在向徐敬业承诺,十二月自己作内应,这还不算是证据吗?"

满朝官员听得面面相觑,谁也没想到女皇是个猜字谜的高手。

一字一世界

# 人的脑门——额头

é
额

金文

小篆

额
隶书

额
楷书

　　古代的"额"字是个左右结构的形声字，右边的"頁"字是形符，表示跟人的头部有关；左边的"客"字是声符，读"kè"。在小篆中，"额"字曾写作"頟"，这是个形声字，"頁"为形符，"各"字为声符，后来这"頟"字作为异体字处理，正体字为"额"。

　　"额"字的形符"頁"，在甲骨文中是个会意字。字形像一个面部朝左跪着的人，上部是头，头顶有三根头发，中间是眼睛，头下是身子，身子下是跪着的腿。后来的字形不断简化，至今写作"页"，本义指"人的头部"。凡是由"页"组成的汉字，大都与"页"的本义"头部"有关。

　　"页"字与"客"字组合在一起，指"人面部头发与眉毛间的部分"，本义指"脑门"，也就是我们常说的"额头"；额头的两边称为"额角"；由于额在头的前面部位，所以也称"前额"；"额手称庆"，指人们在喜悦庆祝时，把手放在额头上，讲庆贺的话。

　　由于"额"在人的头部，在高处，所以引申指"挂在高处的牌匾"，碑的上端称"碑额"，也称"碑首"；挂在门顶或墙上的题字称为"匾额"。

　　"额"字假借指"规定的数目"，如额度、额定、额数。超出定额或范围称"超额"，空缺的数额称"缺额"，空着的名额称"空额"，剩下的数目称"余额"，规定的名额已满称"满额"，限定的数额称"限额"，总的数目称"总额"，很大的数目称"巨额"。

## 东道主迎客频频让步——额

二十世纪的十年动乱年间，大批知识分子被下放农村劳动锻炼，接受贫下中农再教育。

南京师范学院中文系几十位教授，被下放到句容贫困地区参加劳动。这些老教授分成五六个组，每组四五个人，散落在方圆几十里的不同村庄里。教授们日出而作，日落而息，过着度日如年的苦日子。他们手边无书可看，无广播可听，唯一的乐趣，便是四五个人挤在茅屋里的油灯下彻夜长谈。他们谈的，不外乎是经史子集和自己苦心研究的心得。

老教授们分别久了，也相互思念。偶尔到镇上理发洗澡碰上了，如久别重逢的亲人，那真如过节一般高兴。后来不知谁发起，隔一个月，相互走访，像走亲戚一样，在家聚聚，也给枯燥的生活带点儿乐趣。

这个月，轮到杨教授、施教授和吴教授三人做东。他们在那低矮的小屋里，托房东办了一桌酒菜，专等常教授他们来赴宴。

临近中午时，常教授他们四五个人漫步而来。这些老先生，还保持着文人的礼节。杨教授三人出门迎接，他们伸出双手，弓着腰，一边频频地向后退让，一边热情地说着"请、请、请"，要让客人先进屋。客人们也推让着，要年长的杨教授先进屋。就在频频推让间，高个子常教授没当心，额头被低矮的门框撞了一下，顿时鼓起了个疙瘩。众人有点尴尬，但常教授是个开朗豁达的人，又不愧是个文字学专家。进屋后，他一边摸摸额头一边笑着说："各位，我可不是额手称庆啊。刚刚这'咚'的一声，撞出一条谜语给各位助兴。"

老教授们喜滋滋地说："讲来听听！"

常教授斟词酌句，缓缓说道："东道主迎客频频让步，让出我脑袋碰破。"

大家一听，立刻猜出谜底是个"额"字。个中原因，自不待说，读者朋友可以自己揣摩。

# 用手紧紧掐住——扼

è
扼

金文

小篆

扼
隶书

扼
楷书

"扼"字是个左右结构的形声字兼会意字，左边的"提手旁"作形符，表示跟"手"有关；右边是"厄"字，读"è"，作声符并会意。"手"字与"厄"字组合，指"用手紧紧地掐住"。因是指用手紧紧地掐住，这跟手的动作有关，所以古人用"手"字作"扼"字的形符。

古人为什么用"厄"字作"扼"字的声符呢？

金文的"厄"字是个象形字，字形像古代马车车辕前边套在牲口脖子上的曲木形状，这曲木形的用具就是"车厄"。隶变后的楷书写作"厄"，是"軛"字的本字。"厄"字的本义指"车厄"。"车厄"是卡在牲口脖子上的，这样才能拉车载物。重量全压在这儿，所以有困苦、灾难之义，后又引申指险要及控制把守之义，也有束缚之义，还有用力握住之义。而"扼"字是指紧紧掐住，这和紧紧握住是一致的。所以古人用"厄"字作"扼"字的声符并会意。

楷书的字形由小篆演变而来，写作"扼"。

"扼"字的本义指"用力地掐紧、抓住不放"，如掐住脖子弄死，也用来比喻压制、摧残，使之不能存在或发展称"扼杀"；用一只手握住自己另一只手的手腕，表示振奋、愤怒、惋惜等情绪称"扼腕"；发言或写文章抓住要点称"扼要"；"扼"字也指"把守、控制"，如抑制、控制称"扼制"；把守险要的地方称"扼守"。

## "扼"和"扼腕"

秦国有位将领名叫樊於期，他不知为何事，得罪了秦王，秦王将他的父母及家族都杀光，只有他独自一人逃到燕国，被燕太子丹收留。太子丹痛恨秦王，故同情樊於期，将他藏在宫中。秦王以千金和万户侯为赏格，一心捉拿樊於期，并向燕国施加压力，若不交出樊於期，将发兵攻打燕国。太子丹便暗中广罗人才，准备派人刺杀秦王。

太子丹经多方寻求，找到了侠士荆轲。

荆轲是卫国人，好读书击剑，为人侠义，与太子丹一拍即合，两人共商刺杀秦王大计。

按荆轲设想：要想刺杀秦王，必得能接近他，接近秦王实非易事，因他防卫森严，无人可靠近他。荆轲想到，必须有秦王最想得到的宝物，到时献给他，才能靠近他，然后再下手。而秦王最喜爱的宝物只有两样。一是准备割让给秦国土地的燕国地图。二是被太子丹收留的樊於期的头颅。但太子丹不忍杀害樊於期。

为完成刺杀秦王的重任，荆轲亲自与樊於期商谈。他先问樊於期对复仇有何打算，樊於期哀叹，复仇心切，但无能为力。荆轲随即讲了刺杀秦王的计划，并说："愿得将军头颅献秦王，借机刺杀，不知将军应允否？"

樊於期一听，两眼发光。据《史记》记载："樊於期偏袒扼腕而进曰：'此臣日夜切齿拊心也，今乃得闻教！'"

上面这段话的意思是：樊於期撕开了右边的衣袖，袒露出右胳膊，用左手握住右手的手腕，跨前一步，深沉地说："这是我日日夜夜咬牙切齿，痛不欲生的愿望啊，直到今日，方听到你这番指教。"说罢，他毫不犹豫，抽出佩剑自刎，割下了自己的头颅。

不久，荆轲带着燕国地图和装在木盒里的樊於期的头颅见到了秦王。当秦王准备看地图时，荆轲从卷起的地图中抽出匕首猛刺秦王，结果失手，荆轲被杀，刺杀未成。这就是著名的历史故事"荆轲刺秦王"，成语"图穷匕见"和词语"扼腕"就是从这里来的。

# 很坏的行为——恶

è 恶

金文 𢛳
小篆 𢙒
隶书 惡
楷书 恶

"恶"字是个形声兼会意字，上面的"亚"表示这个字的读音，下面的"心"字，表示这个字与心理活动有关。

古代的"亚"字，像人驼背的样子，所以有"丑"的意思。被解释为"丑也、次弟也"，本身就有"恶"的意思。

"亚"，就是较差，属次一等。我们常说，第一名是冠军，第二名是亚军。这儿的"亚军"就是第二，属"次"一个等级。"次"就是不善，不善就是恶。而"善"与"恶"的区别就在于人的心。恶者不善，待人凶狠。恶的本义指很坏的行为，犯罪的事，如：罪大恶极。

恶人干恶事，都是心狠手辣，所以"恶"与"凶"是连在一起的。"凶恶"就表示凶狠恶毒。

"恶"，属于坏，坏就是劣，所以称为"恶劣"。把不好的习惯称为"恶习"，不好的主意称为"恶意"，不好的习俗称为"恶俗"，不好的话称为"恶语"。

"恶"由"坏、不好"这层意思，引申为"不舒服"。有呕吐的感觉称为"恶心"，坏人坏事人人讨厌，所以称为"厌恶"，令人憎恨的事使人"深恶痛绝"，这里的"恶"读"wù"。

"恶"的读音为"è"，厄音。其实，厄的本义就是"险要"，还有"灾难、受困"的意思，所以称为"厄运"。由此可见，"恶"无论是形还是声，都可算"恶贯满盈"了。恶表示呕吐时，读"ě"，如恶心。

## "亚"字写在"心"字上——恶

蔡襄是北宋时期的著名书法艺术家，所以经常有同僚求他写字，他总是有求必应。

一天，郎中陈亚兴致勃勃跑来，拿着一张名贵的澄心堂纸，请蔡襄为他在上面题一首诗。只见蔡襄提起笔来，行云流水般写下了一首七律，最后落款的时候，无意间把"陈亚嘱书"的"亚"字，写在了"澄心堂纸"水印的"心"上。陈亚看了，笑着说："你这个'亚'字写得也太不是地方了，不知道的人还以为是个'恶'字呢！"

蔡襄乐了，顺口说了句笑话："这叫陈亚有心终是'恶'呀！"

汉《石门颂》　　　唐·颜真卿《送书帖》

一字一世界

# 心中有依靠——恩

ēn 恩

甲骨文

恩
金文

恩
小篆

恩
隶书

恩
楷书

"恩"字是个会意兼形声字，它由"因"和"心"字组成。上面的"因"是读音，下面的"心"字表明这个字与心理活动有关。

为什么说"恩"字是会意字？

首先，我们得弄明白"恩"字上半部的"因"字是什么意思。

"因"字，在甲骨文中是个会意字，表示一个人摊开手脚躺在一张草席上，它的本义是"依靠、根据"。"因"与"心"结合在一起，表示心中有依靠、有根据，这样便使人有实力，有美好的现状。当一个人感到满足时，便会对成全他的人，给他好处和情义的人心生感激之情，这就是"恩"字。它的本义应理解为"好处、情义"。

《说文解字》对"恩"的解释是：恩，惠也。

"惠"是什么意思？"惠"的本义是"仁慈"，后来转化为给予或受到的好处。这好处也就是情义。所以"恩"主要表达有恩惠的意思，如恩德、恩情、恩深似海、忘恩负义。

"恩"字在很大程度上表示给予，使别人受到好处，所以有恩赐、恩泽、恩典这些词。把对自己有恩情的师傅或老师称为"恩师"，把对自己有恩情的人称为"恩人"。

## "因"有"良心"才成恩

对"恩"字,有人做了"因有良心才成恩"的动人解释。

2008年5月12日下午2点28分,我国四川省汶川一带发生8.0级特大地震。八万人死亡。数百万民众无家可归。在这紧要关头,大批救援人员前往灾区,全国上下捐物的捐物、捐款的捐款,很快就把救援物资送到每家每户。

当那些面临失学的孩子再次坐进很快搭建好的教室的时候,老师在黑板上写了一个大大的"恩"字。有的学生说:"老师,这个字我们认识。"

老师说:"虽然你们认识,但今天我还要给你们重新讲一讲,因为你们能有今天,是多么不易呀。所以说,无论施恩,还是报恩,都'因'有颗善良的'心'才行啊。"

一席话,说得在场的人无不动容,孩子们都说,这将是他们一生中最难忘的一课。

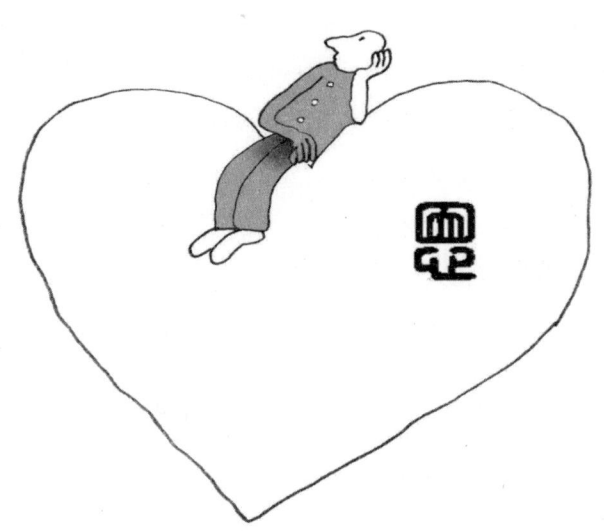

一字一世界

# 囟门未合的婴儿

ér
儿

甲骨文 ᨈ
金文 ᨈ
小篆 児
隶书 兒
楷书 儿

现在人们所写的"儿"字是简体字。这个"儿"字在甲骨文、金文和小篆中都是象形字，字形像人的形状，小篆将"儿"字分为两个字体，在字的下面写作"儿"，在字的左面写作单人旁"亻"，这两个字形都表示"人"。后来"儿"字作了"兒"字的简体字。

甲骨文、金文和小篆的"兒"字是个象形字，字形像幼儿张口嘻笑，露出少量牙齿的形状，表示幼儿年幼，牙齿还没长全。隶变后楷书写作"兒"，如今简化为"儿"。《说文解字》的解释是："兒，孺子也。从儿，像小儿头囟未合。"本义指"小孩子"。

对"兒"字这两种解读有所不同，关键是头部，一说是婴儿头顶囟门还没闭合，一说是幼儿牙齿没长全，但本义都是指"小孩子"。在"兒"字下面的"儿"字，都作"人"字讲，在这儿指孩子的身段，上面是孩子的头，显示了大头娃娃的特点。

"儿"字的本义指"小孩子"，如儿童、儿歌、宠儿、孤儿、幼儿、婴儿、小儿、托儿所、幼儿园、儿童节等。

"儿"字由本义引申指"年轻的男子"，如男儿、健儿、英雄儿女。"儿"字又引申指"儿子"，如儿女、儿孙、女儿、养儿育女。由"儿"字又引申指"雄性的"，如公马称"儿马"。

"儿"字又作词尾，表示"小"的意思，如碗儿、盆儿、一会儿、小不点儿。"儿"字常加在动词、形容词后，使之名词化。如盖儿、玩儿、尖儿。

## "儿"和"儿戏"

西汉文帝时期，汉文帝派大将周亚夫率军驻守细柳，在右侧防守，护卫长安。

为鼓舞士气，检查战备，汉文帝亲自乘车视察兵营和慰劳士兵。他向周亚夫将军的驻地细柳而去。

远望细柳，一片森严紧张的景象。走近一看，军营大门紧闭，士兵全副武装，一个个手执兵器，虎视眈眈，大有任何人不得跨前一步的架势。埋伏在军帐后面的弓箭手，更是箭在弦上，一个个拉满弓，准备随时射击。

汉文帝的随从见此情景，大声喝道："皇上驾到，休得无礼，快开营门！"

守门军官高声回应道："周将军有令，大敌当前，一切按战争条例执行。我只听周将军命令。"

汉文帝只好拿出随身携带的玉玺，让随从送去给周亚夫验证。周亚夫验证后，下令打开营门，让车队进入。守门军官嘱咐，任何车马，不得在军营内奔驰。汉文帝只好下令马车慢行。

汉文帝来到周亚夫指挥所，只见他身着戎装，肃立在门口，行了个军礼，道："铠甲在身，随时出战，不能跪拜，请皇上恕罪！"

汉文帝见此情景，十分感动，又非常兴奋，立即吩咐掉头回王宫。在车上，他对身边的大臣说："三军中唯周亚夫是真将军。"

"儿戏"一词由此产生，用来指像儿童游戏，指不认真、不严肃，也比喻对重要工作不负责任。因周亚夫治军严明，后世将他驻守的"细柳"用来指代"军营"，跟"儿戏"一样也成为了一些诗词的典故。

# 脸上飘下长胡须——而

ér
而

甲骨文

金文

小篆

隶书

楷书

  甲骨文、金文和小篆的"而"字，形状差不多，是个象形字，像什么？像一个人脸上飘下一束长的胡须。

  让我们细加观察，再合理想象，不难看出，古代"而"字上端略有弯曲的一横，表示人的面部，准确地说，是人的面孔下半部，更精确地说是人的鼻孔下面，上嘴唇当中那部分。不是么，一横下那短短的一竖，指的是上嘴唇的人中，下面那三条线或四条线指的是胡须。这胡须很浓很宽也很长，飘飘洒洒，美得很。由此可见，"而"的本义就是指"下巴上的胡须"。

  古人的胡须都很长，这跟当时的审美观念有关。男子汉就得有一束长长的胡须，这样才能称为"美髯公"。当然，也许跟剃须工具有关，没有今天的锋利的剃须刀，长长的胡须不易刮掉。

  "而"字的本义是指"胡须"，但在古书中用得很少，如今根本就不用了。"而"字借用为连词，有和、及、才、就、并且等多种含义和作用，如：而且，而况，而今，因而，一而再、再而三。

  "而"也作为助词用，如如此而已。

  "而"字的作用很大用途很少，人们日常交流时离不开它。原先那代表"胡须"的一层含义，早就消失了。

## 猪八戒的钉耙——而

有关"而"字,有则笑话故事。

唐僧带着三个徒弟去西天取经,路上无聊,猪八戒缠着孙悟空,非让他说个笑话解解闷。孙悟空眼睛一转,笑着说:"好吧!我就出个谜让你猜猜。"说着,他将手里的金箍棒往地上一扔,喊道:"你先猜猜这是什么字?"猪八戒随口答道:"这是'一'字。"孙悟空嘻嘻一笑:"好呆子,这回变聪明了嘛!来来来,再猜猜这个。"说罢,伸手夺过猪八戒手里的钉耙,也是往地上一扔,钉耙上的尖齿全都朝下。

猪八戒左思右想,老半天也没看出个道道,急得他直挠耳朵,嘴里连声嘟囔起来:"这不是蒙我吗,世上哪有钉耙这么大的字呀?"

孙悟空看着猪八戒的窘态,乐得前仰后合,他一把揪住猪八戒的大耳朵,说:"呆子,你再好好看看,这不是个'而'字吗?"

# 第二人称代词——尔

ěr 尔

甲骨文
金文
小篆
隶书
楷书 尔

"尔"字的繁体字写作"爾"。对"尔"字字形的形成及其结构，至今没有明确的结论。对这个字的来历，真可谓"百花齐放，百家争鸣"，许多有识之士，做出了不同的解释。

有人认为，甲骨文的"爾"字是个形声字。外面的"冂"是形符，这个字读"jiōng"，里面的四个叉及上面的部分是声符，这三部分合起来的意思是指"窗格子里透进的亮光"。因为外面的"冂"像窗户框，而四个叉像窗格子，所以本义指"明亮"。后来简化为"尔"，假借指第二人称代词"你、你们"。

也有人认为，古代的"爾"字是象形字。下部的字形像蚕丝缠绕在架子上，本义指"绕丝的架子"。也有人认为，甲骨文的字形像蚕开始吐丝结茧的形状，上为蚕的头，下面像蚕所结的蚕茧，因蚕初吐之丝尚少，所结之茧稀疏得像篱笆，以此来表示"疏朗"之义。

还有人认为，"尔"字在小篆中写作"爾"，这是个会意字，由"人"、当中一竖"丨"和"八"三部分组成。"八"表示语气分散，"人"兼表声。"尔"字的古音是"如此"二字的合声，本义是表示肯定语气的助词。"尔"在古籍中多假借为第二人称代词，指"你、你的"，也表示"如此、这样"等。

"尔等""尔辈""尔虞我诈"指"你、你们"。
"尔后""尔日"指"这、那"，即"这之后""那一日"。
"不过尔尔"，指"这样、如此"，即"不过这样""不过如此"。

## 说来说去都是你——尔

多年前，中央电视台举办的一次春节联欢晚会上，两位小品演员在表演时，说起迎接奥运会期间，北京街头的霓虹灯打出"北京欢迎您"的广告。因灯管损坏，"您"字下面的"心"和左边的"人"字旁不见了，只剩下"尔"。"尔"仍然指"你"。

这段精彩的台词，给广大观众留下深刻印象。后来有位研究汉字的高手，受此启发，搞了个相声段子——"说来说去都是你"，比这还精彩。内容大致是这样的：

相声演员甲匆匆上场，指着相声演员乙说：你丢人啦！

乙说：我丢人？你丢了玉玺啊，比我严重哪！

甲说：你虽然失掉人，还得来找你！

乙说：你虽然丢失了玉玺，但并没有人难为你！

甲说：说起丢失的玉玺，我怀疑，有人没人都是你！

乙说：你怀疑我？说不准是你旁边的人。

甲说：依我看，人来人往都是你。

乙说：依我看，你要把你旁边的人赶走。

甲说：这下就有人成全你，是不？

乙说：你既不安心，干脆就别留人吧。

甲说：照你这么说，一半是你的，全部还是你！

乙说：你放下心，没有人猜中你。

甲乙合说：我俩说来说去都是你！

以上这相声小段子，读者朋友不妨仔细推敲一下，看看是不是每句都在讲"尔"字？

# 听觉器官——耳朵

ěr 耳

甲骨文
金文
小篆
隶书　耳
楷书　耳

在甲骨文中，"耳"字是个象形字，字形像一只耳朵，指"耳朵"。金文的字形由甲骨文演变而来，小篆的字形由金文演变而来，但不太像耳朵了，楷书的字形由小篆演变而来，写作"耳"。

"耳"字是《说文解字》的部首字，现今仍设"耳"部，作偏旁用，也可单独用。凡从"耳"取义的字，都与耳朵有关。如取、闻、聆、聊、聪、耻等字。

"耳"字的本义指"耳朵"，如耳根、耳垂、耳环、耳机、耳鸣、耳目、耳顺、耳闻、耳语、入耳、顺耳、悦耳、耳聪目明、耳目一新、耳濡目染、耳旁风、忠言逆耳、耳提面命、耳熟能详、耳软心活、耳聋眼花等。

"耳"字由本义引申指"像耳朵的"，如"木耳"，是菌的一种，可供食用；"银耳"，也是真菌的一种，属滋养品，也称"白木耳"；还有"黑木耳"。

"耳"字由本义又引申指"位置在两旁的"，如跟正房相连的两侧的小屋，也指厢房两旁的小屋称"耳房"；两侧的小门，正门旁边的小门称"耳门"；器物两旁供人提的部分称"耳子"。"耳"字作助词用，表示罢了，如想当然耳。

"耳"字也作姓氏用。

## "洗耳"和"洗耳恭听"

"洗耳恭听"是洗干净耳朵，恭恭敬敬地听，这是请人讲话时的客气话。而"洗耳"则是表示非常厌恶听对方的讲话，如若不幸听到了对方的话，恨不得全掏出来，生怕耳朵被这些话弄脏了，还得用水把耳朵洗洗干净，这就是"洗耳"。"洗耳"的典故，出自《高士传》，在《山海经》里也有这个故事。

故事说的是在远古时代，炎黄联盟的首领是尧。尧到了晚年，为了找到贤能且有本领的人接他的班，便四处寻访，要把帝位让给他。他千寻万找，终于找到了一个名叫许由的贤士。当时许由住在阳城，尧特地前往拜访，说明禅让的意愿，请他出山，当炎黄联盟的首领。岂料，许由是个以清高自居的人，他不愿接受尧禅让的请求，不仅当场断然拒绝，生怕他再来纠缠，竟连夜逃到箕山下的颍水边（就是今日河南太康以北一带的地方）躲藏起来。他在此隐居，躬耕而食，深居简出。

尧见许由不愿见自己，又派人去请他出任九州长之职。对此，许由更是讨厌。他听罢来人的一番劝导，连忙奔到颍水边，双手捧起水来洗自己的耳朵，担心尧派来的人所说的话，弄脏了自己的耳朵。

许由正一遍又一遍地洗耳朵，跟他同时在此居住的隐士巢父牵着一头牛犊来饮水，巢父见许由一个劲儿地洗耳朵，便奇怪地问："干吗洗耳朵？"许由生气地说："尧派人来请我去当九州长。我讨厌这类话，这类话弄脏了我耳朵，我要把耳朵洗干净！"

巢父听了，不以为然地说："许老弟啊，如果你一直住在这深山老林，存心不让世人知道你，哪会有人来找你麻烦呢？你存心在外面张扬，有了名气，现在又装模作样地在这儿洗耳朵，也未免太做作了吧？你做作归做作，可别让你的洗耳水，弄脏了我小牛犊的嘴巴啊。"说罢，他径自牵着牛儿到上游喝水去了。

这是神话传说，如今在箕山上还有许由墓，山下还有牵牛墟，颍水旁还有一个泉叫犊泉，泉旁的石头上还留有小牛犊的蹄印（还留下"洗耳"一词和这令人深思的传说）。

一字一世界

## 两根筹码指数目——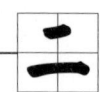

èr
二

二 甲骨文
二 金文
二 小篆
二 隶书
二 楷书

  甲骨文、金文和小篆的"二"字都是指事字,字形像两根横放着的筹码,或者是画的两条一样长的线,指明这是数目字。

  "二"字的字形从甲骨文到小篆一脉相存。隶变后的楷书写作"二"。为了汉字书写均称,其间也曾另加声符"弋"字写作"弍",后来又出现了个大写的"貳"。

  "二"字的本义指数词,即一加一的和,如别的话或不同的意见称"二话",如他二话不说,扭头就走;还有二重唱、二重奏、二元论、独一无二等词都表示数目字。"二"字由本义引申指"第二、次等",如数一数二、二房东、二副。"二"字又引申指"两样",如心存二心、不二价、三心二意。"不二法门"指修行入道的门径,本为佛家语,指直接入道,比喻唯一的途径和方法,没有第二条路可走。

## "二"和"口不二价"

东汉年间,霸陵有个人名叫韩康。这人很有学问,出生于大户人家,他的祖上曾在朝廷任过高官,到他这一代却不愿做官,只想过平民生活。当时的汉桓帝刘志,曾多次派人邀请韩康担任官职,都被他婉言谢绝。

韩康没有多少田产,生活过得很清苦。他钻研医学,常到深山采草药,然后在家里加工、制作成草药,背到长安街市去卖。他卖药遵循一个规则:明码标价,不随意涨价,也不随意降价,童叟无欺,口不二价;在长安城卖药三十余年,从未变过。

这天,有位妇人来买药,因嫌药价贵,她缠着韩康,要降点儿价。韩康不答应。这妇人装出可怜相,一再央求,韩康不为所动,决不降价。这妇人见一计不成,又显出泼妇面目,破口大骂,韩康仍不让步。妇人怒不可遏,责问道:"难道你就是那口不二价的韩康吗?"没等韩康回答,她就恨恨不已地走了。

这妇人一语道出了韩康的姓名,说他就是"口不二价的韩康",可见他已名声在外了。

韩康看着远去的妇人,心中不免有些感慨。自己并不想扬名,只想过清静的日子,哪知悄悄采药卖药,因"口不二价"这话竟然也出了名,想想卖药这行业也不能干了。于是他不再采卖药,隐居到霸陵深山,不知所终。但他的"口不二价"一词却流传下来,意为做买卖时定价不变,没有第二个价,不能讨价还价。史书上记载着这件事,原文是:韩康尝采药名山,卖于长安市,口不二价,三十余年。

以上这段文字,记录了"口不二价"的来历。

若以今日市场经济眼光来看,韩康所作所为值得商榷。一个价格三十年不变,可行乎?再说,商品的价格应随着市场的行情而变动,这叫"随行就市",为什么非得咬住"口不二价"不放呢?

韩康不管他学问如何高深,也不管他如何不愿做官以示清高,就看他因妇人认出他是"口不二价"的韩康,就放弃卖药,隐居深山,就足见此人孤僻古怪了,也难怪古人对隐士有所非议了。

一字一世界

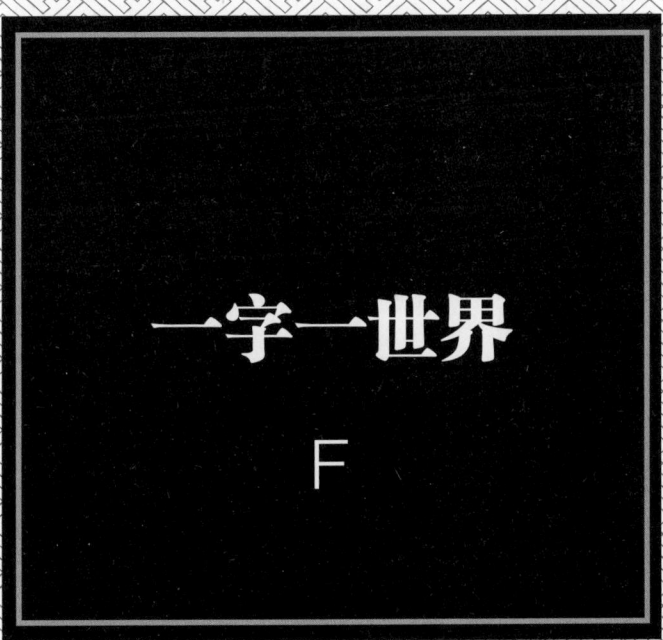

# 边跑边射箭——发

fā
发

甲骨文

金文

小篆

發 隶书

发 楷书

　　我们现在用的"发"字是个简化字，它身兼二职：既是"发射"的"发"字的简化字，又是"头发"的"发"字的简化字。甲骨文的"发"为"投射"的意思。

　　"头发"的发，繁体字为"髮"。金文的"发"字是个形声字，左部读作"fà"，右部表示与头发和面部有关。小篆中的"发"变成了上下结构，上部读作"biāo"，表示头发，而且是长发飘散，犹如今人的长发披肩；下面的部分读作"bá"，是声符。

　　"发"的本义就是头发，如结发夫妻、削发为尼、毫发无损、怒发冲冠。

　　说完"头发"的发，再来说一说"发射"的发。

　　发射的"发"字，繁体字为"發"，读音为"fā"。甲骨文的"发"字，是个上下结构的会意字，上部左右各有一只脚，表示用脚在奔跑；下半部是一个手执长箭或标枪之类武器的人；上下部分组合的意思是一边跑，一边把标枪掷出去。"发"的本义是"投掷、发射"，如百发百中、弹无虚发。金文的"发"字，在右边加了个"弓"字，用弓箭来强调发射的意思。后来字形变化成了"發"，最终简化成了"发"。

　　由"发射"这一本义，引申为"送出、交付"，如发工资、发信；又引申为表示事物的产生或发展，如发热、发育；又引申为表示得到财物而兴旺，如发达、发财；还表示人不愉快的感觉，如发痒、发苦；还表示开始行动，如先发制人；还表示启程，如出发；发掘、开发，都是由"发射"这一本义引申而来的。

## "髲"字没"友"——发

南北朝时期，安阳有一位占梦高手，名叫索，曾经给人占过这样一个梦。

一位姓黄的人，某天夜里突然做了个梦，梦见有人正提笔在写一个"髲（发）"字，可刚写到"髟"的时候，猛地停住了笔。黄某从梦中惊醒，不知道这个梦是吉是凶，便去向索请教。

索听后，不假思索地说："'髲'字没'友'，乃是亡友之兆呀！"

第二天，黄某果然听到了一位好友去世的消息。

这个故事，见之于古代笔记小说，多半是后人为了搞文字游戏，为了解释这个"髲"字而编造出来的。

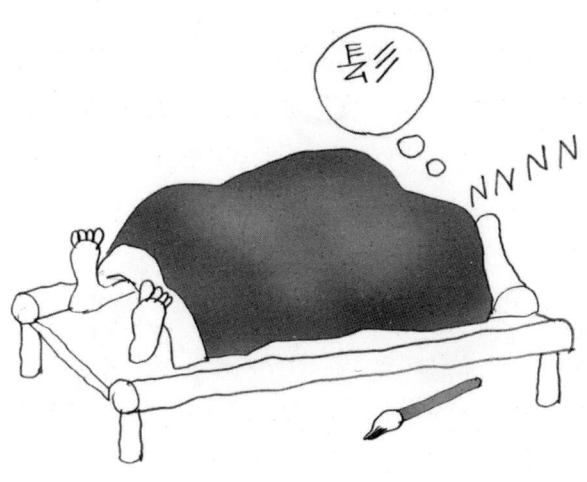

## 脖子上架刀——伐

fá
伐

甲骨文

金文

小篆

隶书

楷书

甲骨文和小篆的"伐"字是个会意字，右边是一个长柄上安装着一把横着的刀，这就是"戈"，表示武器；左边是一个站着的人，不过，这个人的脖子上架着"戈"。可见，"伐"字的本义就是砍头的意思。

在奴隶社会，奴隶主常把奴隶的头砍下来，当作祭祀的供品，这种野蛮的做法，也是一种酷刑。"伐"，原意是砍杀人头，引申为砍伐的意思，如伐树、采伐、砍伐。

"伐"，还有攻打、征讨的意思，如讨伐、征伐、口诛笔伐。

"伐"也表示走路的步子，如步伐。

商·角

汉《曹全碑》

元·赵子昂《行书千字文》

## 老教授砍树猜字谜——伐

十年动乱期间，南京师范学院中文系几位教授，被下放到句容农村劳动。这些老教授，满腹经纶，一肚子诗词文章，若叫他们干农活，可就勉为其难了。

这天，生产队长分配唐教授和施教授砍一棵枯树。为照顾他们，没规定时间，树砍倒为止。

队长走后，施教授奇怪地说："队长往日对我们凶巴巴的，今天怎么客气起来了？"

唐教授没回答他，说了声"砍！"说罢，挥斧砍树。

施教授不满地说："怎么，你不敢回答，还支配我？"

唐教授笑笑，一边砍树一边说："我这一个'砍'字已经回答了你。怎么，老糊涂了，猜不出？"

施教授眯眼想了想，"哦"的一声，说："对，他这是软硬兼施！你这家伙，把我姓施的也拖进去了。"

可不是么，"砍"字的左边是"硬"字的一半，右边是"软"字的一半，这就是"软硬兼施"。

两人砍了一会，坐下休息。施教授说："你刚刚没难倒我，现在我出个字谜，恐怕你未必猜得出。"

唐教授斜眼看了看施教授，说："可能么？说吧，五分钟内回答你！"

施教授一字一句说："你一半，我一半，同心干，把树砍。"

唐教授听了，不以为然地说："施老，这种字谜还用猜吗？你跟在我屁股后面，而且没把我姓唐的带着，你这水平太差啰。"

原来，这谜底是"伐"字。左边的单人旁是"你"的一半，右边的"戈"字是"我"的一半，合成"伐"。放在"砍"字后面组词成"砍伐"。

## 持刀骂人应受处罚

fá 罚

甲骨文

金文

小篆

隶书

楷书

　　金文和小篆的"罚"字，是个上下结构的会意字，上面的字形指网，这不是捕捉鸟兽的网，而是指法律之网；下面左边的"言"字，指言语，右边的立刀旁表示刑罚。综合起来的意思指用言语伤害别人是触犯法网的，要受到一定的处罚。

　　也有人认为，古代的"罚"字是个会意字，由"刀"和"詈"两部分组成，"詈"字读"lì"，指骂人的意思，这两个字形组合在一起，指"持刀骂人的人，应该受到惩处"。小篆的字形由金文演变而来，隶变后，楷体写作"罰"，后简化为"罚"。

　　"罚"字的本义指"对犯错误或犯罪较轻的人进行处分"，如处罚的款项称"罚金"，也称"罚锾（nuán）"；严厉地处罚称"惩罚"；给予处分称"处罚"；受到处罚称"受罚"；对学生肉体处罚称"体罚"；对罪犯施行法律制裁称"刑罚"；处罚、惩罚也称"责罚"；处罚的通知单叫"罚单"；有关处罚的规定或条文称"罚则"；司法机关或行政机关强制违法者交纳一定数量的钱款称"罚款"，没收其财物称"罚没"；处罚和所犯的罪行不相当，过轻或过重称"罚不当罪"；"赏罚分明"则说明处罚和奖赏十分明确。

## 横目持刀要"发款"——罚

无锡东门外的上马墩一带属城乡结合地段。这儿正进行旧城区改造，引来许多收购旧砖瓦、废钢筋、旧电器的二道贩子。有遵纪守法的生意人，也夹杂了一些地痞流氓，借机在这儿搞强买强卖、敲诈勒索，干违法的勾当。

这天，梁溪谜语研究会的马汉文、周其良、小陶几个人，开车去东门看望一位朋友。哪知多年不来，这儿已是沧海桑田，辨不出东西南北了。车子开进杂乱的拆迁工地，只好停下，众人下车，想找人问路。不料，从一幢刚拆一半的小楼里走出一群人，为首的举着一个木牌，上面写着"违停发款"四个字。他将木牌插到车前，蛮横地问："这地方是给你停车的么？"

小陶赔着笑脸说："对不起，想问一下……"

"有什么好问的？罚款五百，要不你别想走！"对方怒目而视，振振有词："这是拆迁办公室规定的，我们是保卫这块工地的保安！"

说话间，对方人群中有人有意无意地拿出铁棍和小匕首，好像在把玩，其实是搞恫吓。

马汉文知道，今儿遇上麻烦了。好汉不吃眼前亏，跟这帮人无理可谈，于是他走上前，轻松地说："你这'发款'是发款子给我，还是罚我的款呀？"对方看看"违停发款"四个字，没反应过来。马汉文掏出二百元，对那为首的说："就剩二百元了，拿去吧！"

对方也见好就收，撤回小楼了。马汉文一行上车，立即到东门派出所报警。两名警察坐到车内，又原路返回。那帮人以为又来了辆车子，于是扛着木牌又走出来。当他们刚把"违停发款"的牌子挡在车前时，从车内走出两名警察，这帮家伙一个个吓呆了。

今天，马汉文他们虽然没找到朋友，却找到了一个谜语故事。马汉文即兴编了个打油诗：横目持刀出狂言，违法乱纪想诈钱。天上不会掉馅饼，受苦受罚还是你。

以上四句重在头一句。这里包含着一个"罚"字。

fǎ
法

甲骨文

金文

小篆

法
隶书

法
楷书

# 公平如水的法律

金文的"法"字是个会意字，右边是一头水牛的象形，这个字写作"廌"，读"zhì"。这是古代神话传说中的独角神兽，它能辨别是非曲直，在法庭上用它来识别罪犯，因为它能用头上的角去抵理屈的人或事物，使理屈者受到惩罚。

金文"法"字的左边，上半部是一个由"大"字（表示人）和"口"字（表示地穴）构成的"去"字，下半部是水的象形，三者合一，表示去除罪恶，像廌一样公正，像水一样公平。

小篆的"法"字与金文相似，但笔画有所调整。"去"字挪到了"水""廌"之下。楷体由小篆变化而来，简化后写成了"法"。

"法"字的本义指"由国家制定、颁布、受国家强制力保证执行的行为规则"，如法典、法办、法案、法纪、法庭、法理、法令、法人、法院、法制、犯法、国法、刑法、司法、宪法。

"法"字由本义引申指"标准的，可以仿效的"，如法帖、法则、句法、历法、礼法、书法、文法、语法、章法。由上义引申指"处理事情的手段和方式"，如办法、法子、得法、乘法、教学法、优选法、如法炮制。由"标准"又引申指"仿效"，如效法、师法、法其遗志。

"法"字也指与佛教有关的道理和事物，如佛法、法宝、法力、法门、法名、法器、法事、法师、法旨、法衣、现身说法。还引申指"迷信色彩的超人力的本领"，如法术、斗法、作法、魔法。

法也可作姓氏用。

## 检察官测字破案——法

2008年下半年,由美国引发全球经济动荡,对我国的经济也产生了不利的影响,一些靠出口贸易的工厂企业,一时陷入了困境。

却说安徽马鞍山市的一家民营服装厂,因销路不畅,面临破产。厂长桂深法却不顾全厂员工的死活,将厂里仅剩的一百多万元席卷一空,不知去向。警方接到报案后,由检察官刘波受理此案。他要做的第一件事,就是要找到桂深法,追回赃款。

说起桂深法,当地人都知道,这家伙很迷信,经常找人"算命""看风水"。他原名"桂圣发"。几年前,他发往内蒙古、甘肃的服装都没收回一分钱,而发往浙江、江苏、上海的货款都如数收回。算命先生为他掐了生辰八字,说:"你命中多土缺水,而你姓名中又偏偏有三个土字。内地尽是黄土,哪有沿海水多啊。你只有到水多的地方,才有生路。"在算命先生的劝导下,"桂圣发"改名为"桂深法",打算将来到江苏定居。

刘波据此分析,在江苏江阴的服装城发现了桂深法的踪迹,并将他一举抓获。但问他巨款去向,他死活不开口,让神仙也难下手。

刘波问他:"你知道我为什么能在江阴抓到你吗?因为我会测字。你命中土多水少,你离不开江湖河海啊。"

桂深法一听,眼睛亮了。刘波不动声色,写了个"法"字说:"你这命呀,全押在这'法'字上。'法'字左边虽有三点水,但右上方却有个'土'字。五行之中,水土相克,看来你左右为难哪。"

桂深法听了,虽未开口,但眼神充满了惊讶。刘波指指"法"字"土"字下的"厶"说:"你知道这个字形是什么?告诉你,这是古代地牢的代号。你现在已进入了大牢。这牢是有扇小门的。你若把'厶'字上的缺口封死,就成了封口的'△',这是死牢。这个封口的三角形形成不了'去'字,你这辈子就别想出去啰。我劝你还是把口张开,开个小门,给自己留条出路吧。"

当晚,桂深法开口招供了。

# 鸟儿振羽翻飞

fān
翻

小篆的"翻"字是个左右结构的形声字和会意字，右边的"羽"字是形符，表示跟翅膀羽毛有关；左边的"番"字读"fān"，作声符并会意。这两个字形组合在一起，指"鸟儿振动翅膀在上下翻飞"。

因鸟儿翻飞，离不开羽毛，所以"翻"字用"羽"字作形符。

古人为什么用"番"字作"翻"字的声符呢？因"番"字作量词用，有"几次三番""轮番"的意思，表示多次或无数次。而鸟儿在天空飞翔时，翅膀必须经无数次扇动才能翻飞翱翔，所以"翻"字以"番"字作声符并会意。

楷书的字形由小篆演变而来，写作"翻"。

"翻"字的本义指"鸟儿飞翔"，如鸟儿或蝴蝶忽上忽下地飞称"翻飞"；"翻"字由本义引申指"上下或内外位置交换、倾倒"，如翻船、翻车、翻动、翻地、翻覆、翻滚、翻领、翻身、翻天等。

由上义又引申指"改变，不承认原来的"，如翻案、翻供、翻悔、推翻等；又引申指"越过、爬过"，如翻越、翻墙、翻山越岭；由"越过"又引申指"数量成倍增长"，如产量翻了好几倍；由此又引申指"感情或关系突然改变"，如翻脸不认人、闹翻了、搅翻了。

"翻"字还指"翻译"，如把中文翻成英文。

翻 小篆

翻 隶书

翻 楷书

# 风翻绿竹竹"翻"风

苏轼（1036-1101）北宋文学家、书画家，号东坡居士，眉州眉山人，即今日之四川眉山，人们习惯称他为苏东坡。他在好多地方当过官，每到一处，造福一方。杭州西湖的苏堤，就是在他主导下修筑的。

苏东坡不仅在文学艺术上有巨大的成就，就是在平日里与朋友吟诗作对，也尽显才华，留下不少佳话。

却说有一年冬日雪后，苏东坡跟佛印和尚在西湖踏雪赏梅，看到眼前白雪红梅，佛印雅兴大发，吟出一句上联：

雪里红梅，雪映红梅梅映雪；

这是一副回文叠字巧联，要对出下联可不易。佛印斜眼看着苏东坡，看他如何续对。

苏东坡不慌不忙，漫步而行。走到一片竹林边，一阵风儿吹过，竹杆摇摆，发出"沙沙"的响声。苏东坡见此情景，吟出下联：

风中绿竹，风翻绿竹竹翻风。

这副对联，二十二字，描绘了冬日雪中美景。红梅傲立于白雪之中；绿竹摇摆在寒风之下，红梅与绿竹在白雪中更显醒目，一动一静，又充满了勃勃生机。"梅"对"竹"，"风"对"雪"，这是名词相对。"里"对"中"是方位词相对。"红"对"绿"是颜色形容词相对。双音节词"红梅"与"绿竹"相对……如此对仗，十分工整。"雪""梅""竹""风"都出现了三次，动词"映"和"翻"出现了两次，使用了反复与顶针的修辞手法，使这副对联成为不可多得的回文叠字巧联。

特别值得欣赏的是下联用的"翻"字，读来十分传神。风吹绿竹时，把竹子吹得东倒西至，好像翻来覆去。绿竹呢，由于左右晃动，扇起一阵阵风儿，仿佛把风儿也搅得翻来覆去。读罢，真令人拍案叫绝。

一字一世界

# 盛食物的盘子——凡

fán
凡

甲骨文

金文

小篆

隶书

楷书

甲骨文的"凡"字，是个象形字，字形像一只高脚盘子，这种盘子是用来盛食物的。

金文的"凡"字由甲骨文演变而来，字形大致相同；到了小篆时，字形有较大的变化，成了一个由"乃"字与"一"字组成的会意字。

如若说"凡"字是由"乃"和"一"组成的会意字，那么"乃"字究竟表达什么意思？这令人费解。而"一"字可视作"万物之始"。看来我们只能以此来理解，"凡"字有"总括天地万物的意思"，本义指"所有的"。

《说文解字》认为，小篆中的"乃"字是"及"字的简单写法，而"及"有"包括在内"的意思。这样的解释，对本义指"所有的"就较有说服力了。

我们前面曾讲过，甲骨文的"凡"字本义指"盘子"，而盘子是用来盛东西的，所以引申为"概括之词"，表示"大概，要略"。

综上所述，我们应把"凡"字的本义定位为指"所有的"，如凡是、凡事、大凡、但凡。

"凡"字由本义引申指"大概、要略"，如凡例、举凡、发凡。由此又引申指"平常的、不出奇的"，如凡人、凡响、非凡、平凡、不同凡响、自命不凡。

"凡"字也指"宗教或神话中称人世间"，如凡俗、凡心、思凡、凡间、凡尘、神仙下凡。

"凡"字也作姓氏用。

## 凤鸟不至生男孩——凡

旧时代，人们碰到大小事儿，总喜欢算命打卦测字占卜，求个平安。谁家要生孩子了，头等大事，就是关心生男生女。

民国末年，上海外白渡桥有位测字大师刘字痴，他就常为求测者预测这类事。

刘字痴是苏北盐城人，常有乡亲来找他。这天，远房亲戚刘老六找上门来，说自己快抱孙子了，其实现时还吃不准是孙子孙女呢。

刘字痴跟他开玩笑："生个女孩难道你把她丢进黄浦江？神仙也有女的，别说凡人了。"

刘老六说："那就测个'凡人'的'凡'字吧。"

刘字痴写了个大大的"凡"字说："哎呀，本家，你福气不小哇。按字形说，这'凡'字有鳳凰之身，可里面却只有一点。无鸟不成鳳（凤）啊。虽有人戏言，鳳是凡鸟，但'凡'与'鸟'相合，毕竟是'鳳'呀。鳳凰是神鸟，鳳为雄，凰为雌，但总称为鳳。鳳与龙相配，若一胎生一男一女，此为'龙鳳胎'。这里鳳指女。今日你要测'凡'字，我只能说鳳鸟不至，必生男孩。因为这'凡'字内中剩一点，既无鳳，也就是不生女，那就是生男了。二者必居其一嘛。"

刘老六听了这番详尽解释，顿时心花怒放，老脸都红了。此时刘字痴谈兴正浓，又接着说："你要测这'凡'字，实为不凡。这孩子将来不同凡响啊。我不是奉承你，老哥，请看这'凡'字，看似'九'字，'九'为数之极，属最大数，又是阳数。阳指男，阳刚之气嘛。再说这'凡'字又看似'兄'字，可见你将来不止一个孙子，这孙子还有兄弟呢。"

一席话，说得刘老六乐不可支。但刘字痴是个老江湖，他从不把话说绝。他送刘老六出门时，不忘叮嘱道："本家，我是以字论事，生男生女，也得看天意。依我说，你不管生个孙子还是孙女，取名就叫刘不凡吧，我们刘家也得出个不凡之人啊。"

刘老六连连点头："是！是！是！"

一字一世界

**fán
烦**

煩
小 篆

煩
隶 书

烦
楷 书

# 头疼发热很烦躁

"烦"字是个左右结构的会意字,左边的"火"字有热、烧之义;右边的"页"字指人的头部。这两个字形组合在一起,指"头遇火而发烧,引起感冒或头疼",也可解释这头疼发热,就像火烧一样,这时人的心理就显得烦躁不安。

楷书的"烦"字由小篆演变而来,写作"煩",后简化为"烦"。

"烦"字的本义指"热头痛",也称作"偏头痛",这是一种头部疼痛的疾病。

"烦"字由本义"热头痛",引申指"急躁、苦闷"。

人的情绪混乱,心里很闷、很不畅快,称为"烦闷";苦恼而又烦闷称"烦恼";烦心急躁称"烦躁";因受搅扰而心烦称"烦扰"。

"烦"字由本义又引申指"又多又乱",心情不畅,加之杂乱的事太多又一时无法解决称"烦乱";因事情繁杂,头绪太多,或指文章烦琐冗长称"烦冗"(rǒng);繁杂琐碎称"烦琐";烦琐又费事称"麻烦";不急躁,能忍耐烦琐称"耐烦"。由此又引申指"讨厌",如厌烦、烦人、腻烦。

"烦"字假借指"请、托",如表示请托对方做事称"烦劳";"烦请""麻烦你""烦您"等都是托人办事时说的敬词。

## 烦恼自取

旧时的戏曲演员称作"伶人"或"优人",也称"优伶""俳(pái)优"。远在战国时代,楚国有位优人叫"孟优",最为有名。汉代的东方朔也是位幽默大师。这些人不仅在公众场合演出,不少人还到皇宫为帝王演出,为他们取乐。优人们的语言幽默诙谐,表演形象逼真,常现场创作,以委婉的形式,用讽刺的方式劝谏帝王,此为"讽谏",所以他们有"抑止昏君"的美称,因而优人的表演又称为"优谏"。

优人们的表演艺术和表演内容,不仅起到抑恶扬善的作用,而且带动了古代汉语韵学的兴起,还带来了文学特别是诗歌创作的繁荣。"优戏"大量利用汉字的谐音,利用汉语语言联想艺术,促进了后世同类艺术的发展与繁荣。

这里说段南宋年间有关优人表演艺术的故事。

南宋前期,收复中原,北伐复国一直是当时思想文化界的主旋律。优人表演往往也围绕这一主题展开。当时有位姓韩的将军,常唉声叹气,自寻烦恼,致使军务松垮,常吃败仗。

一天,四位优人为其表演。一人演孔子的学生樊迟,一人演刘邦手下大将樊哙,一人演樊恼。第四人上场,一边作揖,一边问樊迟:"你的大名何人所取?"樊迟答道:"是夫子所取!"此人赞道:"是圣门之高弟也。"又问樊哙:"你大名何人所取?"樊哙答道:"是高祖所命!"此人拜揖道:"真汉家之名将也。"最后问樊恼:"尔大名何人所取?"樊恼大声答道:"樊恼自取!"

这里,优人们巧用"烦"与"樊"谐音,将"樊恼自取"这句话引出来,表达了"自取烦恼"这层意思,含有讥讽韩将军咎由自取之意,奉劝他应该自我反省,不要自取烦恼。

# 用手推转山石——反

fǎn
反

反 甲骨文

反 金文

反 小篆

反 隶书

反 楷书

甲骨文、金文和小篆的"反"字都是左上包围结构的会意字，左上方的字形是"厂"字，读"hǎn"，也读"chǎng"，在甲骨文中，字形像向外突出的山崖，本义指"山崖"；这"反"字的右下方是个"又"字，在古文字中，"又"字表示"手"。"手"与"厂"字组合表示什么意思呢？归纳起来有三种解读。

有人认为，"手"与山"崖"组合，指"用手扳着山崖攀登"。认为"反"字是"攀"字或"扳"字的本字，本义指"攀登山崖"，后引申指"翻转"；还有学者认为，"手"字与"崖"字组合，指用手翻倒山崖，本义指"翻转、颠倒"；也有学者认为，"手"与"崖"组合，表示以手推转山石之义，本义指"翻转"。

综合前三种对"反"字字形的解读，"又"与"厂"字组合，指"推转山石"较为妥贴。

"反"字的本义指"翻转"，如反败为胜、物极必反、反复无常、反常等；"反"字由本义引申指"颠倒的、方向相背的"，如反面、反向、反衬、反话、反手、违反、相反；由上义引申指"回过来，还"，如反刍、反复、反攻、反击、反扑、反射、反问、反响、反应、反照等；又引申指"对抗、抵制"，如反对、反感、反潜、反战；"反"字还引申指"与革命敌对的力量"，如反革命、反动派等；又引申指"造反、背叛"，如反叛、策反、官逼民反。

## 出尔为何"反"尔

按照约定俗成的原则,"出尔反尔"这句成语,现在人们公认的意思就是:是你说的,你又出来反悔或反对,你说话不算数。我们在使用这个成语时,所要表达的,都是这个意思。

但有些学者认为,这句话的原意并不是这个意思。"出尔反尔"的"反"字,并不是反悔或自己反对自己的意思,而是另有他意。

出尔为何反尔?反的又是谁呢?

要弄明白"出尔反尔"中"反"字所指,还得从出典的《孟子·梁惠王下》谈起。当时的邹国和鲁国发生了一场战争。邹国国君邹穆公请教孟子:"这一仗我的官员死数十人,而百姓没有一个去救这些官员。我想将这些百姓都处死,可人数太多,杀不完啊。不杀,我又愤恨不已,他们竟然眼睁睁地看着这些官员赴死却不去救他们。你看,我该如何是好呢?"

孟子回答道:"眼下正逢饥荒,田里颗粒无收,百姓家无隔夜之粮,年老者饿死在荒郊野外,青壮年四处逃散,可是你的粮仓里堆满了粮食,国库里堆满了金银,你的这些官员没有一人想到百姓,没有一人向你报告过。他们这是对上欺骗国君,对下残害百姓啊。曾子曾经说过:'戒之戒之!出乎尔者,反乎尔者也。'这话的意思是说,警惕啊,警惕啊,你所做出的事情,最终都会反加到你身上。百姓们今日之所以见官员遇死而不去救援,就是因为这些官员做出的事现在反加到了他们自己身上。你不应该再恨这些百姓了。你若能实行仁政,百姓们自然就会亲近他们,愿意为他们作出牺牲。"

根据孟子跟邹穆公这一段对话,我们不难看出,原来"出乎尔者,反乎尔者"这句话的意思是:出乎于你,最终会反加到你身上。而不是你这事出于你,你又反悔不认帐。

如今大家既然都认为是这样,那就约定俗成吧。

# 倒转方向往回走——返

fǎn 返

金文

小篆

返 隶书

返 楷书

  金文和小篆的"返"字都是左下包围结构的形声字兼会意字，左下方的"走之旁"是"辵"字，读"chuò"，表示在大街上行走，作偏旁时写作"走之旁"，在这儿作形符，表示跟行走有关；"返"字右上方的"反"字读"fǎn"，作声符并会意。"反"字与"辵"字组合，指"倒转方向往回走"。因是指"掉转头往回走"，这跟行走有关，所以古人用"走之旁"作"返"字的形符。

  古人为什么用"反"字作"返"字的声符呢？

  甲骨文的"反"字是个会意字，上面是"厂"字，表示山崖；下面是"又"字，表示"手"。两形合一，指用手推转山石之意。金文不同，小篆使其整齐化，隶变后的楷书写作"反"。本义为"翻转"。

  "反"字由本义"翻转"引申指"相反"，又引申指"返回"。还引申指"倒转""反对""反抗""违背"等意。

  "反"字被引申义所专用，后来作了偏旁。为分化字义，古人另加"走之旁"写作"返"，表示"返回"。由此可见，"反"字是"返"字的本字，是最早的"返"字，它理所当然地成了"返"字的声符。

  楷书的字形由小篆演变而来，写作"返"。

  "返"字的本义指"返回、返还"。

## "返"和"一去不返"

"返"字作动词用，指回，如返回，指回到原来的地方。成语"一去不返"，意为这次一去，就永不会回来了。说起这一成语的出典，有段历史故事。

距今两千三百多年的战国末期，燕国的太子丹曾被当作人质押在秦国。秦王视他为奴役，使他受尽屈辱。后来太子丹逃了出来。回国后，他一心报仇雪恨，要刺杀秦王。有位名叫田光的人，将游侠荆轲推荐给太子丹。太子丹拜荆轲为上卿，两人共商刺杀秦王的大计。最后商定，荆轲以燕国使者的名义，带上秦王最痛恨的樊於期的头颅，再带上燕国准备割给秦王的几座城池的地图，卷起的地图里暗藏一把匕首，到时抓住机会，用匕首刺杀秦王。

樊於期为刺杀秦王，以自刎献出了自己的头颅，这样才能取得秦王的信任，荆轲才能靠近秦王。一切收拾停当，在一个阴冷的早晨，太子丹和荆轲的几位朋友，都穿着白衣白帽，为荆轲送行。他们一直将他送到燕国南部的边境易水河边，即今日河北易县附近。他们要在这儿跟荆轲作最后的诀别。大家在易水边席地而坐。荆轲的好友高渐离拿出乐器筑弹奏起来，随着激越的击筑声，荆轲高声歌唱起来：

风萧萧兮易水寒，
壮士一去兮不复还。

悲壮的歌声震撼人心。荆轲一边唱着，一边迈步向前走去，他头也不回地走了，从此再也没有回来。他因刺杀秦王未成，被秦王的卫士乱刀砍死。

后人将荆轲所唱的"壮士一去兮不复还"演化为成语"一去不复返"，以此形容人或事情过去了，今后永远不会再出现了。这里的"返"，就是"返回"，重新出现的意思。后又将"一去不复返"简缩为"一去不返"。

# 狗会咬人侵害人——犯

fàn 犯

金文

小篆

隶书

楷书

　　小篆的"犯"字是个左右结构的形声字，左边的"反犬旁"指"狗"，作形符，表示跟"狗"有关；"犯"字右边的"㔾"字读"hàn"，作声符。"反犬旁"的"犬"字与"㔾"字组合，指"狗会咬人侵害人。"因是指"狗会咬人侵害人"，所以古人用表示"犬"的"反犬旁"作"犯"字的形符。

　　楷书的字形由小篆演变而来，写作"犯"。

　　"犯"字的本义指"侵害、攻击、进攻"；"犯"字由本义引申指"抵触、违背"；"犯"字由上义引申指"犯罪的人"，如犯罪并被监禁的人称"犯人"，重要的罪犯称"要犯"，行凶杀人的罪犯称"凶犯"。

　　"犯"字又引申指"发生、发作"，如以前生过的病复发称"犯病"，发愁也称"犯愁"，起疑心也称"犯疑"，做错事也称"犯错误"。

　　"犯"字还指"不值得"，如犯不着、犯不上。

　　旧时指言词激烈，敢于触犯皇帝或尊长的威严称"犯颜"，也称"犯上"和"犯上作乱"。

## "犯"和"众怒难犯"

距今两千五百多年前的春秋时期,大约是公元前563年的一个冬季,郑国发生了内乱。郑国的正卿子驷担任宰相。他暗中指使厨子,用毒药害死了国君僖公,改立公子嘉为国君,并将其他公子都杀了,一切朝政大权都由他把持。子驷的暴行激起了武装叛乱,子驷被杀,郑国陷入一片混乱之中。

在这乱局中,当时担任司徒的高官子孔挺身而出,执掌郑国统治权力。子孔一心要在短时间内先稳定局势。于是他亲自起草了一份法令,规定各级官员,要恪守职责,严格遵守法令,凡不服从或违犯法令者,一律处死。这个法令虽未公布,但很快传了出去,引起一些官员和民众的不安和不满。

郑国的正卿子产看了子孔起草的法令,认为这个法令万万不能公布。如若公布,会引起众人的愤怒,他劝子孔立即将这法令烧掉。子孔不同意,还振振有词地说:"颁布法令是用来安定民心的,怕众人发怒就烧掉它,这不就成了众人执政吗?如果照你这样,国家就很难治理啊。"

子产听罢,耐心地分析道:"众怒难犯,专欲难成,合二难以安国,危之道也。"

子产这句话的意思是:众怒难犯,你想专权的愿望也难以成功。你将"众怒"和"专权"这两种最难办的事合在一起治理国家,这是最危险的办法。他言下之意是:不如烧掉这个法令,先将人心安定下来,不然触犯众怒会发生内乱,专权的愿望又不能实施,这个局面是很难收拾的。

子孔听从了子产的劝告,在城门口将法令烧掉了。官员们这才安下心来,百姓们也安定下来了。

后人将子产说的"众怒难犯"一词作成语流传下来,用来指众人的愤怒不可触犯,带有顺应民意不要激起民愤的意思。

一字一世界

# 吃的食物——饭

**fàn
饭**

金文的"饭"字是个形声字,左边的"食"字表示与饮食有关,右边"反"字是读音,它的本义指"食物"。

把"饭"字当作形声字理解,简单明了,并无不可。但若细加分析,把"饭"字当会意字来看待似乎更有意思。你看,右边的"反"字,好像是一个人将手倒背在后面,面对"食"物,悠然自得。手背着,表明没有动手吃,这就意味着暂时不吃。所以"饭"的本义是指"食物",也有吃食物的意思。

也有人认为,"饭"字是个形声兼会意字。以"食"作形符,以"反"作声符。"反"与"返"同音,"返"有来回往复的意思。人在吃饭时,就是来回往复地往嘴里送食物的,这就是吃饭。所以用"反"作声符兼会意。

在现代汉语中,"饭"指煮熟的谷类食品,如稀饭、干饭。日常生活中,特指大米饭,以区别于馒头面条之类的主食。凡与吃饭有关的,都带"饭",如饭店、饭局、饭粒、饭量、饭碗、饭桶。

食物是人们每天必吃的,所以又引申为"每天定时吃的食物",如早饭、晚饭、午饭。

在古代,"饭"字也当"吃"用,如廉颇老矣,尚能饭否?这里的"饭",就是指"吃"。但现在几乎不用了。

金文

小篆

隶书

楷书

《隶辨》

唐·孙过庭《草书千字文》

## 民以食为天——饭

朱元璋当了皇帝后，起初也是不问天下事，整天花天酒地，享尽荣华富贵。曾经和他出生入死的大将军汤和看在眼里，急在心上，但他又不敢直言相劝，只得暗想办法。

这天，汤和趁左右无人，提笔在纸上写了一个大大的"饭"字，然后问朱元璋是什么字。朱元璋看了，哈哈大笑："爱卿，三岁小孩都认识这个字，你是故意要拿朕开涮。"汤和摇摇头，一脸严肃地说："不错，这是个'饭'字，左边的偏旁从食，指的是食物，右边是个反，这便是说，从古至今，一直都是民以食为天，如果没有食，民众必将反矣。陛下——"说着，他"扑通"一下跪在地上喊道，"请三思啊！"

听了汤和的这番话，再看看这个"饭"字，朱元璋顿时惊出一身冷汗。回想自己当年起义，何尝不是如此呢。从此，他再也不敢贪图享乐了，而是全身心地去料理国家大事，巩固大明江山。

# 两条并行的船——方

fāng 方

甲骨文

金文

小篆

方 隶书

方 楷书

　　甲骨文和小篆的"方"字是一个象形字，有人认为"方"字像带有拐的铁锹形的工具，本义为一种翻土的农具。

　　《说文解字》认为，"方，并船也。"说它像两条并排的船用绳索系在一起的样子。所以它的本义是并行的两船，泛指并列、并行。

　　"方"表示并排这种意思在现代汉语中已基本消失。因为这种说法，和今天"方"字的含义相去甚远，也很难考证了。在现代汉语里，"方"最常用的意思是方形，如方圆。

　　方法也是"方"的常用意思，如千方百计、教导有方。

　　"方"也有方向、方位的意思，如东方、四面八方。

　　"方"可以指相对于如走廊、河流或街道的中心或分界线而言的场所、空间或方向，如右方、左方、四方；也可以指一个方位，如双方平衡；还可以指交易、战斗或辩论的一个组成部分，如双方均未获胜。

　　"方"，也在数学上和计量上用到它，如乘方、平方米。

　　"方"，表示正直，如方正、端方。

　　"方"，在书面语中表示正在、正当，如方兴未艾、来日方长、方才、如梦方醒、年方十八。

　　"方"，作为名词用，表示药方，如偏方、验方、方子、照方抓药。

　　"方"，也作为姓氏使用。

## 万人出一点——方

北京的吴先生开了家文化传播有限公司,经营图书发行、书刊印刷、广告宣传、图文设计等业务。公司的员工都很敬业,但因市场竞争激烈,公司量业务下降,近于亏损状态,大家都很焦急。

作为董事长的吴先生,更是坐立不安,急得像热锅上的蚂蚁。他一个人苦思冥想,一根接一根地抽烟,弄得办公室烟雾腾腾。

吴先生的好朋友老李来拜访。老李是位著名作家,见吴先生唉声叹气,一筹莫展,便关心地问起原因。吴先生大倒苦水。

老李说:"如此说来,你陷入困境了?"

吴先生连连点头:"一点办法也没有,方法想尽了。"

老李说:"方法多得是。人多智慧多,点子多,召大家来谈谈嘛!"

吴先生说:"人多有什么用?人多嘴杂,听谁的?"

老李说:"一万人一个点子,说不定就是个好方法。万人出一点就是方嘛!"

吴先生用手指在膝盖上写了个"方"字,果然是这么个意思。他站起来,鼓足信心说:"对,把全体员工召来商量,也请你和众多朋友来商量,肯定能找到好方法。"

fāng
芳

金文

小篆

芳 隶书

芳 楷书

## 花儿的香气——芳

小篆的"芳"字是个上下结构的形声兼会意字,上面是个草字头,表明这个字与花草有关;下面的"方"字是读音,同时也是形符,表示四面八方。读音"方",也与"放"同音。因为"放"有放出、散发的意思,所以用"方"作声符,兼表花香散发出香味的意思。这个字的整个意思是花卉的香气,飘到四面八方。

"芳"的本义就是指香草,也泛指花卉和香草,如孤芳自赏、群芳谱。

香草散发出一股香气,如芬芳、芳香、芳菲。

花香令人陶醉,也令人喜爱,所以用"芳"来形容美好的事物,包括人的美好品德,如芳邻、芳容、芳龄、芳名、芳姿、流芳百世。

"芳"也是个姓。

明·王铎《草书诗卷》

东晋·王献之《洛神十三行》

唐太宗《温泉铭》

## 头上的草不能割——芳

"芳"字表示香草，也有香味四溢的意味，所以女性多以此字为名。带"芳"字的女性姓名，在中国数不胜数。

然而，有些七尺男儿，也以"芳"字为名。当然，这怪不得他们自己，因为名字都是小时候由他们的长辈起的，除非万不得已，一般是不会再作改动的。

有这么一位著名人物，名叫王芳，在20世纪50年代，他曾担任浙江省公安厅厅长。试想，这位维持一方社会治安，手握生杀大权的铁腕人物，名字却很女性化，叫"王芳"。对此，据说有段佳话。

却说1953年春，毛泽东主席来杭州。时任浙江省公安厅厅长的王芳担任保卫工作。饮食起居，他都要负责。这天，王芳陪同毛主席吃饭。正吃着，公安部部长罗瑞卿也进了餐厅，三个人同桌吃饭。

吃饭间，罗瑞卿对王芳说："王芳，你个男子汉，怎么起了个女性名字？你这个名字让人分不清，不知情的人还以为是女同志呢，我建议你把芳字上的草字头去掉，好不好？"

王芳还没来得及答话，毛主席抢着说："这可不行呀！"他放下手中的筷子问王芳："你是山东人，你们山东的绿化搞得怎么样？有没有浙江这么好？"

王芳回答道："报告主席，那儿的绿化刚刚开始，不如浙江。"

毛主席借此展开，就这"芳"字说了起来："照这么说，山东还是有许多荒山秃岭没有绿化起来，有些地方还是草木不生，你的头上刚长了一些草，就想把它除掉，这可不行哟。依我说，什么时候山东消灭了荒山秃岭，什么时候山东绿化搞好了，你再把芳字头上的草字头去掉。"

# 挡水的堤坝——防

fáng 防

金文

小篆

防 隶书

防 楷书

　　小篆的"防"字是个左右结构的形声字兼会意字，左边的双耳刀旁是"阜"字，作形符，表示跟土山、高地有关；右边的"方"字是声符，这"方"字是"旁"字简省的写法。这两个字形组合在一起，指"挡水的堤坝和土堤"。"阜"字为"土山、高地"，所以用来作"防"字的形符。

　　古人为什么用"旁"字作"防"字的声符呢？因为挡水的堤坝大多建在水旁，所以"防"字用"旁"字作声符并会意。

　　"防"字的楷书字形由小篆演变而来，隶变后写作"防"。

　　"防"字的本义指"挡水的堤坝"，如防波堤。

　　"防"字由本义引申指"预先采取的某种措施或行动"，如防备、防潮、防暴、防尘、防弹、防盗、防毒、防腐、防旱、防洪、防护、防火、防空、防涝、防汛、防灾、防震、消防、预防、防空洞、防风林等。

　　"防"字又引申指"防御，守备"，如防区、防守、防卫、防务、防线、边防、布防、城防、国防、海防、联防、驻防等。

## "防水"与"放水"

现在，全世界有十四亿人学汉字。当然，在这十四亿人中，绝大多数是中国人。但剩下的零头，也是千万计啊，这个数字也着实不少。

我们的一些邻国，过去使用过汉字，现在不用了。有些邻国，现在仍在使用，我们可从报纸上电视上看到。

有些邻国，出于种种原因，要想"去汉字化"，但随着中国的经济发展，要跟中国做生意，不懂中文，不识汉字，就会遇到麻烦。据报纸报道，1997年年底，韩国爆发金融危机，当时的韩国工商界人士担心，韩国有将近一半的商品输出对象是汉字文化圈，完全抛弃汉字的韩国，是难以和汉字文化圈的同行打交道的。于是，在2003年，韩国五大经济团体建议属下19万家公司，在招聘职员时，必须经过汉字考试，要懂点汉语才行。

看来，有些邻国要想"去汉字化"，真的不容易。在去汉字化的过程中，这些邻国就发生过不少让人啼笑皆非的事。

据说，韩国在建造一条很重要的高速铁路，需要大量混凝土枕木。这种枕木内需要防水发泡的填充物，但施工方却使用了吸水材料，导致155000根枕木龟裂，变成废品。最后工程队发现，出错的原因是理解错了图纸，将"防水"错认为是"放水"。在汉字中，"防"与"放"是同音字，"防水"和"放水"是两个截然不同的概念。因为没有汉字的标记，而仅仅只有韩国的谚文，这样就造成了同音字之间的误解。

看来，有些邻国想要"去汉字化"，真的不容易。

（此文依据《报刊文摘》，摘自《壹读》第8期改写，原作冯微微）

一字一世界

# 所见很相似——仿

fǎng
仿

　　"仿"字是个左右结构的形声字兼会意字，左边的单人旁是形符，表示跟人有关；右边的"方"字是声符，读"fāng"。这两个字形组合在一起，指"一个人所见到的事物很相似"。

　　古人为什么用"方"字作"仿"字的声符呢？因"方"字像两条小船并列的样子，而"仿"字也有"两者相比，很相似，不易辨别"的意思，所以"仿"字便用"方"字作声符并会意。

　　"仿"字的本义指"很相似、相像"，如似乎、好像称"仿佛"；相差不多称"相仿"。

　　"仿"字由本义引申指"照样子去做，效法"，如仿照办理称"仿办"，模仿古器或古艺术品叫"仿古"，模仿一定的式样制造称"仿造"，模仿别人的方法式样称"仿效"。仿照、仿制、模仿、摹仿、效仿等都是这个意思。

　　"仿"字由"效法"引申指"按照样子写的字"，如印刷字体中有一种字体叫"仿宋"，它仿照宋代版本书上所刻的字体，笔划粗细均匀，有长、方、扁三体，也叫"仿宋体"或"仿宋字"。

彷 金文
仿 小篆
仿 隶书
仿 楷书

[瓦当欣赏]

秦汉画像瓦当

## 来信来访话不多——仿

有位在无锡工作的小伙子,自称是外省资深"谜人",很想入无锡梁溪谜语研究会。会长马汉文听出了弦外之音,问:"小伙子,住哪儿?在哪儿工作?"

小伙子朗声答道:"我姓方,方正之方,名仿,模仿之仿。在一家大型企业搞招聘工作,负责来信来访。说到住哪儿,——暂住集体宿舍,想租房……"

老马听罢,大声说道:"诸位听清了没有?方先生姓方名仿,搞信访工作,目前想租房,就根据这几个要素,现场制作字谜,助助雅兴。此言一出,立马有人喊道:"外方人。"

老马笑道:"方外一个'人'字,谜底是'仿',但这样说外地朋友听了不舒服啊。"

周其良提议:"改成'差点一万人',怎样?"

老马提醒道:"诸位别忘了,方先生是搞信访工作的,谜面要向信访靠拢。"

这个要求,似乎有点难。有人试探着说:"'有人来访,无言以对',不知行不行。"

老马评论道:"你这谜面意思很到位,将'访'字的'言'字旁换成'人'字旁。但你小看方先生啦。"

赵纪方说:"那就改成'来信来访话不多',把'信'字和'访'字中的'言'字去掉,便成'仿'字。"

老马评道:"好,这样显得方先生沉稳有气度。接下来要围绕方先生租房子的事做文章啰。"

周其良说:"'住房不足',谜底是'仿'字。"

老马笑道:"那可不行,我们要让方先生租到房子。我看改成'房子要出租,户主不在家,旁人站一人,恐怕就是他'。"

在场的人听了,都拍手大笑。

# 将人驱逐到远方——放

fàng
放

守 甲骨文

𢼄 金文

𤽄 小篆

放 隶书

放 楷书

"放"字是个左右结构的形声字兼会意字，左边的"方"字读"fāng"，作声符并会意；"放"字右边的"夂"字称"反文旁"，正楷写作"攴"，读"pū"或"Pō"。在甲骨文中是个会意字，从"又"表示手持刑杖棍棒击打之意，作偏旁时写作"夂"，本义指"击打"，在这儿作形符。

"方"字与"攴"字组会，指"将人驱逐到远方"。因是指将人驱逐到远方，这跟刑法击打有关，所以古人用"攴"字作"放"字的形符。

古人为什么用"方"字作"放"字的声符呢？

甲骨文、金文的"方"字是象形字，字形像挖土为坑的一种农具，至今仍在用。小篆使其整齐化，隶变后写作"方"，本义指挖土农具，后引申指计量沙、土、石料的量词，指挖土多少"方"。后又引申指"方形"，表示"正直""地方"，又引申指"方向""远方"等义。而"放"字有将人驱逐到远方之义，所以古人用"方"字作"放"字的声符并会意。

楷书的字形由小篆演变而来，写作"𤽄"。

"放"字的本义指"驱逐、流放"，还引申指"把牲口家禽赶到野外找食"，又引申指"不拘束、任意、随便"，由此又引申指"解除约束"，由此还引申指"发出"，又引申指"扩展"，由"发出"又引申指"点燃"，如放火、放炮；还引申指"投下"，如放毒；还引申指"借钱给别人放债谋利"及"搁置安放"等义。

## "放"和"归马放牛"

据史书记载，商朝末年，到了商纣王时，这个暴君毫无人性，引起百姓怨恨，诸侯反抗。周武王起兵伐纣，各地诸侯纷纷响应，各路大军汇集到一起，渡过黄河，杀向商朝的国都朝歌。纣王的士卒，早已厌恶纣王的残暴，纷纷倒戈，投向武王阵地，一同进攻朝歌。纣王溃不成军。义军攻进城去，商朝就此灭亡。纣王自知罪孽深重，登上鹿台，纵火自焚。

周武王灭了商朝，凯旋而归，建立周朝，他以镐（hào）为京城，称为"镐京"，即今日西安市西南一带，就在原先周武王父亲周文王的都城丰邑附近。周武王统一天下，成为历时八百年的周王朝第一代天子。

《尚书》中记载，武王在战争结束，周朝建立后，采取了这样一些措施："王来自商，至于丰，乃偃武修文，归马于华山之阳，放牛于桃林之野，示天下弗服。"

这句话的意思是：周武王从商地打完仗，回到丰邑附近建都，采取了"偃武修文"的政策，就是削减军队，停止战争，提倡文化教育。文中的"归马"和"放牛"，就是把战征时用的牛马一律放归到大自然当中去。也有人认为是回归到农牧业生产上去。"归马华山之阳"中的"华山"，即今日陕西的华山东面；"牧牛桃林之野"，即将牛放到桃林的野外去。桃林在今日陕西与河南之间的一块地方。最后一句"示天下弗服"，意为华山之南与桃林之东，都不是养马放牛的地方，之所以放这儿，是让他们自生自死，让天下人不再乘用它们作为战争工具。

后人将这段话中的"归马放牛"作为成语流传下来，也有的写作"休牛归马"。

这一成语的"放"字与"归"字，都有"放归"的意思。放牛牧马，都是指放牧，但用在这儿，又有了"停战"与"和平""安宁"的意思，还有召示天下，不再让牛马承担战争工具的愿望，足见古人的和平愿望十分强烈，汉字的内涵博大精深。

# 鸟在空中飞行

fēi
飞

甲骨文 兄

金文 飛

小篆 飛

隶书 飛

楷书 飞

甲骨文的"飞"字是象形字，字形像一只鸟儿展开翅膀向上飞，意思指鸟儿在飞翔。

小篆的字形发生了较大的变化，上部像鸟儿的头，两边像翅膀，中间像鸟的身段，这也是象形字，是一幅鸟儿伸长脖子，扇动翅膀向上飞行的画面。

楷书的字形是由小篆变化而来的，写作"飛"，后简化为"飞"。

"飞"字的本义指"鸟儿或昆虫扇动翅膀在空中活动"，如飞蝗、飞虫、飞禽、飞鸟、飞鱼、飞雁、飞鼠。

"飞"字由本义引申指"利用动力机械在空中行动"，如飞行、飞船、飞机、飞弹、飞艇、起飞、试飞、宇宙飞船。

"飞"字又引申指"在空中飘浮游动"，如飞云、飞花、飞泉、飞舞、飞扬、飞天、飞瀑、飞沙走石。

"飞"字还引申指"速度极快"，如飞奔、飞驰、飞涨、飞速、飞跑、飞毛腿；因为速度极快，又引申指"意想不到的"，如飞来横祸、飞短流长、流言飞语；又引申指"挥发、散发"，如香味飞了。

"飞"字也作姓氏用。

东晋·王羲之《集字圣教序》

## 二九而升——飞

中国的科举制度始于公元605年时的隋朝，一直延续到清朝末年才在1905年被废除，历经1300年。科举制度在不同时期有不同规定。一般分"乡试""会试""殿试"三等。乡试每三年在省城举行一次，称"大比"。取中者称为"举人"。"会试"在乡试后第二年春天于京城礼部举行。取中者为"贡士"。"殿试"则由皇帝亲自主持，只有"贡士"才有资格参加，考中者为"进士"，第一名为"状元"。

以上三级考试，只有取得秀才资格的人才可参加，而今要讲的故事，就跟这科举会试有关。

却说南宋绍兴年间，有位拆字高手名叫朱国安。这年正逢乡试，他来到省城。众多学子聚在各旅店及官方安排的住所，准备参加考试。不少人求他拆字，好预测一下前程。

有位名叫段毅飞的人，写了个"飞"字请朱国安拆。朱国安盯着"飞"字看了半晌，在旁边批了四个字"二九而升"，说："这'飞'字由'二''九''升'三字组成，我只能从字形分析，也不知何意，眼下还说不出祸福。"

在这次乡试中，段毅飞中了第十九名，被推荐到京城参加会试。亲朋好友鼓励他："你这次考中第十九名，这十九便是第二个九，你一定会高中的！"

不料，这年会试，段毅飞落第了。但他不灰心，又苦读三年。三年后，他再次参加会试，以第九名中了进士。

考中进士后，段毅飞拿出当年朱国安批的"二九而升"纸条，方才领悟到，这"二九而升"，原来是要经过两个九才能及第啊。

是朱国安算中了，还是段毅飞三年苦读考中了？看来不说自明。

一字一世界

# 鸟翅展开分两边——非

fēi 非

丌 甲骨文
非 金文
兆 小篆
非 隶书
非 楷书

　　甲骨文的"非"字是个象形字，也有人认为是个会意字。字形像两个人的侧影，中间特别强调人的双手，说明他们之间是各行其是，背道而驰。金文和小篆的"非"字与甲骨文字形相似，但已看不出人的形状。这个字的意思指各行其是，含有悖离、违背的意思。

　　也有人认为，金文的"非"字，像鸟的两只翅膀，左右展开，意思指"相背"。

　　"非"字的本义是指"违背、不合于"，如非分、非法、非礼、非命。

　　"非"字由本义引申指"不、不是、不对、错误"，如非同小可、非亲非故、大是大非。

　　"非"字由本义又引申指"反对、责备"，如非难、非议、颂古非今、未可厚非。

　　"非"字也指"必须、偏偏"，如非得、非他莫属、非要不可。

　　"非"字也表示不但、不仅，如非但。

　　"非"字也表示超过一般，不同寻常，如非凡、智力非凡。

　　"非"字，也用来指非洲，如亚非拉。

汉砖欣赏

## 生日宴会上说"非"字

现代社会有个奇怪的现象,越是老年人,越不愿意做寿,反而是年轻人,把过生日当回事儿。过个三十岁生日,像九十华诞似的,把亲朋好友请到饭店大吃一顿,再来个烛光晚会、吃蛋糕、吹蜡烛、唱生日歌……

江苏美术出版社编辑王非,也算得上是个"王老五"了。他去年已过过三十大寿,今年三十一,他又把朋友们请到饭店庆贺一番。

年轻人在一起,除了喝酒,还喜欢唱歌讲笑话。今日有副总编老杨在场,大家显得很规矩。老杨见场面冷清,便说:"我出个谜语给大家猜猜。有人猜出来,我罚酒三杯。猜不出,那大蛋糕我带回家给孙子吃。"

说罢,他一字一句说:"左边三十一,右边一十三,两边加起来,一共三百二十三。请各位猜一个字。"

大家一听,都默不作声。杨总是搞民间文学的,肚子里的民间故事、谜语笑话成箩成筐。看来,他今日是有备而来,要不怎么会出现三十一这个数字?

见大家一时猜不出,老杨又说:"看来你们当中没有猜谜高手,那我再换个说法。远看柴扉两扇,近看一把蒲扇,像条鱼骨分两半,又像篱笆立路边。"

大家交头接耳,纷纷议论,但仍找不出谜底。寿星王非今日多了个心眼儿。他断定,这个字与自己姓名有关。他一眼看到盘子里吃剩下的一条鱼骨头,又仔细推敲了一番,大声叫道:"哈,杨总,我王非今日非要将你灌醉不可!"

杨总端起酒杯说:"王非回答得非常好,我认输了。"说罢,连饮三杯。

这个谜语的谜底是"非"字。

# 花草茂盛芳香——菲

fěi 菲

小篆的"菲"字是个上下结构的形声字兼会意字，上面的"草字头"作形符，表示跟花草植物有关；下面的"非"字读"fēi"，作声符。"非"字与"草字头"组合，指"花草芳香而美丽"。因指的是花草茂盛芳香，所以古人用"草字头"作"菲"字的形符。

楷书的字形由小篆演变而来，写作"菲"。

"菲"字的本义指"花草茂盛、美丽、香气浓郁"。

"菲"字在古书上指萝卜一类的蔬菜。

形容花草茂盛、美丽、香气扑鼻称"菲菲"，也称"芳菲"。

"菲"字是个多音字，读作"fěi"时，多用作谦词，如数量少，质量次，表示微薄称"菲薄"，"妄自菲薄"指不切实际地过分小看自己；菲薄的礼物称"菲敬"，也称"菲仪"；不丰盛的酒饭称"菲酌"，如敬备菲酌，恭候光临，这是请人吃饭的客套话。

菲 小篆

菲 隶书

菲 楷书

## 芳"菲"园的故事

民国年间，南京夫子庙文德桥头有位测字大师叫胡铁嘴，这天，胡铁嘴的好友徐文才，领着一位儒雅阔绰的中年人来到家里。三人在客厅坐下。来者是徐文才生意场上的好友祝先生。

祝先生在苏州饮马桥附近看一花园洋房，价格不菲。买，还是不买？他拿不定主意，想请胡大师测个字再做定夺。测什么字？就以夫人名字测吧。胡铁嘴明白来人用意，提笔写了个"菲"字。

胡铁嘴赞道："夫人的名字好哇，芳菲满园，蝶飞燕舞，人间美景莫过于此了。祝先生要测的这'菲'字，与'芳'字搭配，更是好上加好，美中更美，故有芳容、芳泽、芳馨之说。单就'菲'字来说，上为草头，下为'非'字。'非'者，相背而行。也可看作鸟儿的翅膀，展翅而飞，缺一不可。这'非'字为'韭'（jiǔ）字头，就是我们常说的韭菜芽。韭芽自春至秋乃至到冬始终不绝，人人喜欢。这韭菜不同于一般菜蔬，它割了又长，长了又割，生生不息，其利不可估量，因此祝先生要测这'菲'字，是吉利之相，兴旺之相。你们要买的这房屋也就成了吉宅了。"

祝先生听了，长长舒了口气，问："先生刚刚说，'菲'字里的'非'字是背道而行，是否有背离和是非之义？"这一问，把胡铁嘴问住了。

姜还是老的辣。胡铁嘴忙低头写字，掩盖自己惊慌的脸色。他灵机一动，写了个"纤"（xiān）字说："我们测字这行当，常常要借字说事。我们把细巧、小巧称作纤（xiān）巧。苏州园林，都以纤巧著称，或长方形或四方形，正面纤巧，亭台楼阁，水榭长廊，小桥流水，一应俱全。你刚刚讲的这'非'字，就藏在这'纤'字了中心部位，故有四面颖巧之义，就是'纤'而言，可看出你祝先生一直将夫人放在心中重要部位。你已考虑得十分周到了，还要老头子多说什么呢？"

祝先生拱手求道："我买下这园子，你看取个什么名字为好？"
胡铁嘴脱口而出："'芳菲园'三字，如何？"

一字一世界

féi 肥

卯 金文

肥 小篆

肥 隶书

肥 楷书

# 人胖脂肪多——肥

小篆的"肥"字是个左右结构的形声字兼会意字,左边是"月肉旁",作形符,表示跟肉有关;右边是"卩",这个字读"jié",作声符并会意。"月肉旁"与"卩"字相结合,指"人身上肉多"。

因是指人身上的肉多,所以肥字用"月肉旁"作形符。古人为什么用"卩"字作"肥"字的声符呢?

"卩"字在甲骨文中是个象形字,字形像个跪坐的人形,金文大致相同,小篆使其整齐化,隶变后楷书写作"卩",作偏旁时,有的写作"巴""尸"等字形。在"肥"字中,这个跪坐着的人肌肉丰满,显得很胖,所以古人用"卩"字作"肥"字的声符并会意。

楷书的字形由小篆演变而来,写作"肥"。

"肥"字的本义指"人胖、脂肪多",如肥厚、肥胖、肥肉、肥肠、肥瘦、肥硕、肥壮等。

"肥"字由本义引申指"土地含养分多",如肥土、肥沃、肥力、肥美、这块田很肥;由上义又引申指"能使土地增加养分的东西",如化肥、肥料、氮肥、粪肥、积肥、基肥、绿肥、沤肥;由上义又引申指"衣服、鞋袜等嫌过于宽大",如这件裤子太肥了。

"肥"字还引申指"收入多、得的好处多",如肥缺、肥差(chāi)。

## 宰相合"肥"天下瘦

合肥早在公元前122年西汉汉武帝时就有了,当时隶属扬州。司马迁撰《史记》,把合肥列为全国十大都会之一。到东汉建安时期,合肥已成为省级以上行政区的首府了。明朝初期,合肥城升格为相当于今日的中央直辖市。

清朝末年,有副对联,在民间广为流传:

> 宰相合肥天下瘦;
> 司农常熟世间荒。

上联写的宰相就是合肥人李鸿章。下联写的"司农",指的是江苏常熟人翁同和。他曾担任"司农"。这副对联一语双关,表面说的是地名,以"合肥"的"肥"字对"瘦"字,以常熟的"熟"字对"荒"字,充分表露了百姓们对贪官污吏的厌恶与憎恨。

清朝末年的洋务运动,是中国近现代化的开端和尝试,不能完全否定。但李鸿章及一批洋务要员,他们趁机大发横财,在新开办的招商局、电报局、煤矿、银行等企业及事业中占有大量股份。南京、上海等地的当铺、银号也属这些人的管辖范围。李家还拥有数千顷的土地。一位名叫容闳的人,曾办过多年洋务,据他估计,李鸿章死时有私产四千万两留给子孙。正因这些人贪得无厌,侵吞国家财产,肥了自己,瘦了平民百姓,所以人们喊出了"宰相合肥天下瘦"的不平声。

古时,只有当了朝廷大官,才有资格以家乡的名字称呼,所以李鸿章称"李合肥",翁同和称"翁常熟"。

翁同和家族显赫,他本人是咸丰六年的状元,是同治皇帝和光绪皇帝两代帝师。后来让他当了司农,专管农业。翁同和在当同治和光绪两帝帝师期间,常说些对李鸿章不利的话,因此翁李两人不和。翁同和以"宰相合肥天下瘦"来讥讽李鸿章,李鸿章以"司农常熟世间荒"来回敬翁同和。但此说无从考证,只能说是民间人士创作了这副对联,讽刺他俩祸国殃民。

# 竹筐之类的盛器——匪

fěi 匪

匪 甲骨文

匪 金文

匪 小篆

匪 隶书

匪 楷书

小篆的"匪"字是个内外结构的形声兼会意字，外面的"匚"形像个筐子，里面的"非"是读音。

"匪"的本义是指一种竹筐之类的盛器，相当于今天的竹篓子、竹篮子。

因为"匪"字的本义指用竹子编的竹筐、竹篓，所以与竹子有关。编竹筐先要破开竹子削成篾，一根竹子一破为二，两半竹片必定相背，所以"匪"从"非"声并会意。"非"的本义就是指"相背"。

"匪"同音假借为"非"，跟"非"同一个意思。

在金文和小篆中，"非"是个象形字，它截取了繁写的"飞"字的下半部，像鸟的两翼展开而彼此违背。所以"非"的引申指"不对、错误"，如是非分明、痛改前非。

"匪"有"不"的意思，如获益匪浅，就是不浅。

"匪"既然有"不、不对、错误"的意思，所以引申为指"不好的行为"，如抢劫财物，危害他人，这就是土匪、惯匪、匪帮、匪徒，因此必须剿匪。

唐·怀素《草书千字文》

北魏《始平公造像记》

隋·智永《真草千字文》

## 真正的文"匪"

南京有个小伙子叫李崇文。这名字不知是父辈起的，还是他自己改的。他总是自称文化人，对文化十分崇拜，一辈子要从事文化事业。

李崇文文化程度虽不高，但脑子灵活，又善于交际，他搞印刷起家，后来在城里开了家文化书店，事业越做越大。

李崇文表面开书店，暗地里搞盗版图书，干非法印刷的勾当。他瞄准市场，把一些刚上市的畅销书，用先进的照排技术，很快盗印出来，通过地下渠道，推向市场。

上海有家"文汇出版社"，新出了本畅销书。李崇文开车去上海，买到一本，又立马赶回南京。他亲自督阵，三天内，盗版书便印出来了。六万多本，堆在车间里，准备运往各个批销点。

当天晚上，有关执法人员突然赶到，查封了李崇文的印刷厂，刚印出的大批盗版书成了罪证。

带队执行查封任务的是杨队长。他翻开这批盗版书，发现封面和版权页上出版社的名称是"文匪出版社"，看来，李崇文为了省钱，封面是另外重做的。制作人员心急慌忙，将文汇的"汇"字错写成"匪"字了。因为繁写的"汇"字是"匯"，有点儿像"匪"。

杨队长觉得好笑。李崇文一见，以为有机可乘，他点头哈腰，连忙敬烟，还自我表白："我们都是文化人，搞点书，也是……"

杨队长指着书上的"文匪"二字说："你是文化人吗？你是文匪，真正的文匪！"

李崇文一看那一行字，不由"唉"的一声，瘫坐在椅子上。

# 翅膀分张的翡翠鸟

fěi
翡

翡
小篆

翡
隶书

翡
楷书

"翡"字是个上下结构的形声字兼会意字，下面的"羽"字是形符，指鸟的羽毛，表示跟鸟儿或羽毛有关；"翡"字上面的"非"字读"fēi"，作声符并会意；"非"字与"羽"字组合，指"翅膀张开的翡翠鸟"。

因指的是鸟，所以古人用跟鸟密切相关的"羽毛"的"羽"字作形符。古人为什么用"非"字作"翡"字的声符呢？

甲骨文的"非"字是个象形字，也是个会意字，字形像展翅飞动的鸟儿的形状，这个字形所截取的是两个张开的翅膀，隶变后的楷书写作"非"。因为两个翅膀左右分开，所以表示相背，本义指"违背"。但就字的形状来看，像张开的翅膀，所以古人用"非"字作"翡"字的声符并会意。

楷书的字形由小篆演变而来，写作"翡"。

"翡"字的本义指赤色羽毛的翡翠鸟，雄鸟为"翡"，雌鸟为"翠"，合称"翡翠鸟"。

"翡翠鸟"嘴长而直，有蓝色和绿色的羽毛，飞得很快，生活在水边，吃昆虫鱼虾等，种类较多。

"翡翠"也指玉石，色彩鲜艳，有玻璃光泽，人们常用来作装饰品。

## 竖子不足与谋——翡

一天，无锡梁溪谜语研究会的同仁们在西水关茶楼举办讲座，有位谜友讲了个颇有历史知识的字谜。他问道："刘邦闻之喜，刘备闻之悲，这是个什么字？"

这个字谜流传颇广，是个经典字谜，很多谜友都知道，马上有人答道："是个'翠'字。'羽'字指项羽和关羽。'卒'字表示'死'。项羽死，刘邦当然高兴了。关羽死，刘备能不悲伤吗？"

说到此，主讲人接着项羽之死，讲起了楚汉相争中"鸿门宴"的故事：

秦始皇统一大业后，因劳累而早死，秦朝灭亡。此时天下大乱，各路起义军逐鹿中原，争夺天下，最后只剩下刘邦和项羽两大军事集团相争，史称"楚汉"相争。就军事实力讲，楚军略胜一等。楚之谋士范增设计，在鸿门设宴款待刘邦。

刘邦迫于压力，不得不带了谋士张良和猛将樊哙赴宴。在宴席上，范增多次暗示项羽下手，但项羽默不相从。范增不得已，令手下勇将项庄舞剑，借机刺杀刘邦。这就是"项庄舞剑，意在沛公"的来历。范增的计谋被张良识破，令樊哙与项庄对舞，刘邦借此机会离席，逃了出去。范增见计谋败露，刘邦脱逃，不由满腔怨恨，愤然长叹："竖子不足与谋！"

"竖子"，是有勇无谋的意思，他在责骂项羽：你这小子，不能跟你共谋大事啊。因为范增是项羽的长辈，所以他才这样说。从历史人物的成败得失来说，范增讲的是对的。刘邦逃脱，如放虎归山，最终项羽兵败，乌江自刎。

讲完这段故事，主讲者要求在座各位，根据故事内容和范增说的"竖子不足与谋"，打一字谜。

读者诸君，你猜出来了吗？谜底应是"翡"字。因为"翡"字由"非""羽"二字构成。"非"有"不是"和谴责之意，"羽"则专指项羽。"非羽"即"不是项羽"。合成"翡"。此谜用历史典故作谜面，与"翠"字有异曲同工之妙。

# 狗大声地叫——吠

fèi
吠

甲骨文
金文
小篆
吠 隶书
吠 楷书

"吠"字是个左右结构的会意字，左边是"口"字，右边是个"犬"字，这两个字形组合在一起，指"狗张着嘴巴在大声地叫。"

金文承接甲骨文，小篆的字形由金文演变而来，楷书的字形由小篆演变而来，写作"吠"。"吠"字的本义指"狗叫"，如狗疯狂地叫唤称"狂吠"，鸡叫狗叫混成一片称"鸡鸣犬吠"。

"一犬吠形，百犬吠声。"比喻不明察事情的真伪而盲目附和，也说作"吠形吠声"。

成语"蜀犬吠日"中的"蜀"，指今日四川一带，蜀地多山多雾少晴天，所以狗看到太阳就乱叫起来，比喻少见多怪。

## "吠"和"吠形吠声"

"吠"字指狗叫声，如鸡鸣犬吠。

成语"吠形吠声"，指不明察事情的真伪而盲目附合。说起这一成语的出典，就要讲到王符这位学者。

王符是东汉时期的安定临泾人，即今日甘肃镇原东南人。他少年时好学，有志向。为人性格耿直，清高，不苟同于世俗，因此他当了几年官不得升迁。他忧愤不平，就隐居深山，潜心著书，写了三十余篇，讽刺当时社会的一些丑陋现象，书名为《潜夫论》。他在该书"贤难"一篇中写道："一犬吠形，百犬吠声。世之疾此，固久矣哉。"

吠，指狗叫声。这话的意思是：一只狗看到一点人或东西的形影就叫，很多狗听到声音也跟着狂叫起来。比喻不辨明事情的真假，只是跟在别人后面盲目附和。也说作"吠形吠声"。

一只狗叫，别的狗都跟着叫，这是一种很自然的现象，特别是在乡村，家家养狗看家护院，到了夜晚，只要有一点儿动静，若有只狗叫了，全村的狗都会跟着叫起来。第一只叫的狗，很可能是真的看到了可疑的人或听到了一些响声或闻到了什么气味，所以大惊小怪地叫起来。而别的狗也许什么也没看也没听到，它只是跟着瞎嚷嚷而已。所以王符把这称之为"一犬吠形，百犬吠声"。

也有人把这成语说成"一犬吠影，百犬吠声"。指第一只叫的犬，未必看到了什么，也许只是看到了一点模糊的影儿，其余的狗，则完全是跟着起哄，盲从附和。这种"吠形吠声"或"吠影吠声"，都是对那种跟着别人后面，没有主见，随声附和者的讽刺。这一成语带有明显的贬意。

# 用去钱财——费

fèi
费

金文

小篆

隶书

楷书

　　金文的"费"字，是个上下结构的形声字兼会意字，它是由"贝"字、立刀旁和"弗"字三部分组成。"贝"字作形符，立刀旁和"弗"字作声符。"弗"字读"fú"。这三个字组合在一起，指"用去了钱财"。

　　"费"字下面的"贝"字有货币、宝物之义，所以用"贝"字作形符。

　　古人为什么用立刀旁和"弗"字作"费"字的声符呢？因为上面的"弗"字有去掉的意思，与旁边的立刀旁念起来指"用刀割去钱财"，所以古人用立刀旁和"弗"字作"費"字的声符兼表意。

　　小篆的"費"字省去了上部左侧的"人"字或有人所说的"立刀旁"，隶变后的楷书写作"費"，后简化为"费"。

　　"费"字的本义指"用去钱财"，如花费的钱称"费用"，国家或团体供给的费用称"公费"，办某一事的费用称"用费"，自己负担的费用称"自费"，不收费称"免费"。军费、花费、学费、运费、药费、消费、赡养费、生活费等，都指"用去钱财"。

　　"费"字由本义引申指"消耗、耗损"，如耗费心思称"费心"，耗费精力称"费神"，费力气称"费力"，耗费言辞、多说话称"费话"；费劲、费工、费时、费事、费解、白费、耗费、浪费、枉费等，都指"消耗、耗损"。

　　"费"字也作姓氏用。

## 割肝之外又破费

江苏吴县，今属苏州，古时称长洲。这儿属江南富庶之地，读书人多，秀才也多。

却说明朝崇祯八年春天的一个早晨，长洲县衙前，闹闹嚷嚷，聚集了一群秀才，他们呼叫着，要求见知县符文才。符文才不知出了何事，不敢怠慢，忙叫衙役，请他们到大堂面谈。

为首的一位秀才，手捧一卷文书，请符文才细阅。符文才接过，坐案桌上仔细阅读。原来，这是秀才们联名上书，要求官府表彰并奖励本县一位大孝子。文书中写这位孝子有为其父"割肝疗亲"之孝行。秀才们建议以此人为榜样，劝百姓孝敬父母，并据此为"以孝治县"的标志。

符文才是个有文才有才干的知县。他早先听人说过，有位饭店老板，好沽名钓誉，一心想以慈善孝行出名，常邀文人雅士到他店里吃喝。他想，此事莫非与此人有关？

引起符文才怀疑的不是道听途说，而是秀才们文书中写的"割肝疗亲"四个字。古有"割股疗亲"之说，那是割屁股上的肉，尚属可信，而今是"割肝疗亲"，那就匪夷所思了。肝与脏是人的命根子，将肝割了，这人还能活吗？

符文才看罢文书，又扫视了大堂上站立的秀才们，微微笑道："此人已经割肝，还有劳诸位联名禀报，想必他割肝之外，又破肺了吧？"

符文才表面说的是"心肺"的"肺"，但他实际指的是"费用"的"费"。他借"肺"与"费"同音，点穿了这场闹剧是个骗局。秀才们听了，只好灰溜溜地散去了。

# 刀将东西劈两半——分

fēn 分

甲骨文
金文
小篆
隶书
楷书

甲骨文的"分"字是个上下结构的会意字，上面是"八"字；下面是"刀"字，指用刀将某一样东西劈成两半儿。"八"字在甲骨文中是指事字，有"分"和"别"的意思，本义指"分开"。从"八"的字形也可看出，有相分别相背之形。"刀"字在甲骨文中是个象形字，像砍削用的刀形，在这儿指用刀将物体分割开来。隶变后的楷书写作"分"。

"分"字的本义指"分割、分开"。"分"字是个多音字，读作"fēn"时，表示把整体事物分成几部分，一个家庭分成几个家庭各自过日子称"分家"；一家人分开生活，现多指夫妻分开生活称"分居"。"分"字由本义引申指"区别、辨别"，如区分辨别称"分辨"；辩白、解释称"分辩"，离别、分手称"分别"，还有分类、分歧、分清、分析、分晓、区分、分水岭等词。"分"字又引申指"分派、分配"，如指在一定地区内散布称"分布"，负担一部分、分别负担称"分担"，按分工负责某一方面工作称"分管"，还有瓜分、划分、均分。"分"字还引申指"分支、分设"，如分店、分会场、分队、分行、分号、分级、分设等词。"分"字又假借指"分数"。

"分"字读作"fèn"时，指"构成事物的各种不同物质或因素"，如分量、辈分、部分、成分、水分、天分、知识分子；又指"职责和权利的限度"，如分内、本分、处分、非分、过分、名分等词。

## "分"和"分道"

距今一千五百多年的南北朝时期，有个时代叫北魏。北魏的国都原先设在平城，即今日的山西大同一带。到了魏孝文帝时，他采纳御史中尉李彪的建议，将京城由平城迁到了洛阳，并任命元志为"洛阳令"，即"京兆尹"，相当于首都的市长。

有一天，元志乘车去皇宫见孝文帝，在街头正巧碰上御史中尉李彪的车子奔驰而来。古时官员出门上路，前呼后拥，军民人等都要避开让道的。按规则，级别低的要让级别高的，若级别相等，可各自谦让，可今日这两人却互不相让。按理元志官职比李彪低，应该让李彪先走，但元志骨子里就瞧不起李彪，认为他胸无点墨，是一介武夫，所以偏不让。

双方手下人见主人不让，便各为其主，由争吵而动起拳脚来，眼看着要动刀子了，李彪喝住，建议两人到孝文帝处去评理。

孝文帝出面调解。李彪理直气壮地说："我身为御史中尉，纠察全国百姓官员，即使宰相有过，我都有权指责，何况洛阳县令？论官职，我比他大得多，按规则，他应让道。"

元志不服，道："我是洛阳最高长官，所有住户归我管辖，我为何为你让道？"

孝文帝听罢，有些为难，随即笑道："洛阳是我的京城，二位可分道扬镳，各行其道！"

两人听罢，退出宫来，回到街上，令人用尺子将道路宽度量好，从中一分为二，划出中间线，双方约定，日后若相遇，各走各的道。

后人将孝文帝说的"分道扬镳"作为成语流传下来。"分道"，即分两条道；"镳"，即马嚼子的两端露出嘴外的部分，骑马或赶马车的人只要抖一抖马的缰绳，马就起步了，"扬镳"就是驱马前进的意思。现在都用来指因志趣不同，目的不一致或难以合作，只好分手，各干各的事，各走各的路。

## 山西的一条大河——汾河

fén 汾

"汾"字是个左右结构的形声字，左边是三点水，表明这个字与水有关；右边的"分"字是读音。

"汾"字的主要作用是作水名和地名。作水名，指的是汾河。汾河源出于山西宁武县管涔山，向南流至曲沃县境再折向西，在万荣县西流入黄河，长716千米，是黄河第二大支流。地名指汾西、汾阳、汾城、汾阴这些山西境内的古县城。

汾酒是中国名酒，产于汾阳的杏花村。

"汾"应读作"fén"，不能误读为"fēn"。

汾 金文

汾 小篆

汾 隶书

汾 楷书

汉·《礼器碑》

东晋·王羲之　　东魏《敬使君碑》　　《隶辨》

## 汾酒必喝

中国酒类的名称，数不胜数，但享有盛名的，也就那么几种。山西出产的汾酒，恐怕应属于名酒之列。

汾酒产于山西汾阳城外三十里的杏花村。自古就传说，杏花村里出美酒，杏花村里出贤人。历代名人到杏花村饮酒的轶闻趣事，更是说得神乎其神。唐代大诗人杜牧的《清明》，那句"借问酒家何处有？牧童遥指杏花村。"，那可算得上是千古绝唱，使产自杏花村的汾酒名扬四海。

话虽这么说，汾酒跟其他一些名酒比起来仍逊色不少。这一年，山西省的一位副省长，率经济贸易代表团到某地考察。代表团邀请了不少的商界名流来座谈，团长坦率地承认，山西的汾酒在市场上销售不畅，请大家出出点子。

在座的人小声议论着。这时，一家报社分管广告业务的老总大声说："依我看，汾酒在江苏销售不畅的关键，不在于江苏也是名酒之乡，恐怕是汾酒厂家的广告没做到位。汾酒有个得天独厚的广告词……"

经贸团长急切地问："什么词？请指教！"

这位老总一字一句地说道："《三国演义》上有句名言叫'合久必分，分久必合'。现在的广告，时兴在谐音上做文章，我说你们不妨在'分'字旁加上三点水，改成'喝酒必汾，汾酒必喝'，买酒的人看了，心里就全明白啦。再说，你这'喝酒必汾'，充满自信，跟着再来的一句'汾酒必喝'，更显得有力，又有历史文化气息，爱喝酒的人听到这样的广告词，哪里有不动心的？"

话音一落，山西代表团全体成员起立鼓掌，向那位老总致谢。

fén
焚

甲骨文

小篆

焚
隶书

焚
楷书

# 用火烧树林——焚

"焚"字是个上下结构的会意字,上边是"林"字,表示树林;下边是手持火把,表示用火烧树林。隶变后楷书写作"焚"。

人为地,在有限范围内有意识地放火烧山,恐怕有四个目的。一是开山造田,二是增加肥料,三是清除害虫,四是把野兽赶出来以便围猎。所以从古至今,在有些山区,人们在做好防范措施的前提下,每过几年,就会放火烧山。

楷书的字形由小篆演变而来,写作"焚"。"焚"字的本意就是指"放火烧树林"。

"焚"字由本义引申泛指"烧",如烧掉尸骨、神像、纸钱等称"焚化",烧坏、烧毁称"焚毁",烧毁、烧掉称"焚烧",烧香称"焚香",焚书坑儒、焚琴煮鹤、心急如焚中的"焚"字都是"烧"的意思。

## 焚香夜读书

中国大书法家王羲之是东晋琅邪临沂人，即今日山东临沂。历任宁远将军、江州刺史、右将军，后来辞官，专门研究书法，被奉为"书圣"，以《兰亭序》为代表作。因王羲之曾在军中任右军将军，故人称"王右军"。

一天，王羲之率军驻扎边境。夜色降临，明月当空，王羲之坐在军帐里点起灯，又点燃一炷香，在袅袅香烟中，他处理完公文，便阅读经书和诗文。他时而背着手，在帐内踱步行吟；时而坐下，寻章摘句，反复揣摩；时而又走出帐外，对着山野和明月，深思默想。

这时，正巧一中军将军巡夜路过，见王羲之仍未就寝，关心地问："右军尚在考虑大事耶？"王右军答道："中军尚记得否？昨日我等行军途中闲聊，我一时高兴，作了副对联——"

中军接口道："我记得，你的上联是'把酒日看剑'。妙啊，你可没说出下联啊。"

王羲之道："是啊，我正搜索枯肠呢，但就是找不到下联。你既到此，何不帮我续出下联？"

这位中军，也颇有文才。他进得帐内，见剑挂帐后，书放案桌上，一炷香点在茶几上，便提示道："右军何不以眼前焚香夜读为题，续出下联？"

王羲之一听，叫道："中军，你再说一遍！"

中军一惊，重复道："右军何不以眼前焚香夜读为题，续出下联！"

王羲之当即提笔："好，下联就是'焚香夜读书'。"

这两位军爷，几乎是一唱一和，作出了这副对联。上下对仗工稳。把酒焚香，都是动作；文以读书，武以论剑，文武兼备，写出了军中将领把酒临风，剑不离手的威武神态，又写出军人挑灯夜读的好学品德。这文武双全的英雄形象，令人肃然起敬。

## 碾成细末的谷物——粉

fěn 粉

金文
小篆
隶书
楷书

小篆的"粉"字，是个左右结构的形声兼会意字，以"米""分"作形符，"分"兼声符。

"米"，指各类谷物；古代的"分"字由"刀"和"八"组成，"刀"，表示刀具，"八"有背离分开的意思，两字相合，表示用刀把物体分开，也就是说使整体变成分散的部分；"米"与"分"组合，也就是把"米"这一类的谷物碾碎成粉末。本义指"被粉碎的谷物"，也泛指细末儿，如面粉、米粉；又引申指"粉尘、花粉、奶粉、漂白粉"。

"粉"，由本义引申指"化妆用的粉末"，如扑粉、水粉、脂粉、油头粉面、涂脂抹粉。

"粉"，还引申指"用淀粉制成的食品"，如粉肠、凉粉、粉皮、粉丝、粉条；由"淀粉"又引申指"带白色的"，如粉笔、粉刷；还引申指"浅红色"，如粉红。

"粉"，也作动词用，引申指"用水粉、涂料涂抹、刷"，如粉墙、粉饰。

"粉"，由本义又引申指"变成细末"，如粉碎、粉身碎骨。

东晋·纪瞻《淳化阁帖》　　元·礼实《三希堂法帖》

160

## 八刀分米粉

民间流传着一个关于"粉"字的对联故事。

明朝年间,江南有位穷书生赴京赶考,因身上带的盘缠少,到了山东,已是身无分文了。这天中午,他走到一个小镇,累得实在走不动了,便在路边一家小面馆坐下歇口气。店主是个白胡子老汉,正在和面擀面条,他见书生疲惫的样子,说:"相公想必是赴京赶考的吧?我送你一碗面条吃了好赶路。"

书生一听,忙不迭作揖致谢。店主说:"且慢。我这儿有副对子,只有上联,请你对出下联。"

穷书生说:"老人家请讲。"店主说:"有位雅士在小店留下'八刀分米粉'五个字,以求下联。"

书生想了半天,也对不出来。桌上的面凉了,也不好意思吃。店主劝道:"相公且吃面,在小店休息一会再走。"

书生吃罢面条,随店主在后屋一个厢房休息。他正思索着,只见一只老鼠,碰落墙头一块碎砖,这碎砖砸在地面一口破铁锅上,只听"当"的一声。这碎砖撞铁锅的响声,竟把书生的灵感撞了出来。他想,这家面店以面粉为主,上联以"八刀分米"合成一个"粉"字。我如今是千里迢迢,赴京赶考,为的是敲响金钟得头名状元。这下联何不对作"千里重金锺"呢?(当时的"钟"字为"锺")

书生忙把想好的下联告诉店主,老店主连连夸奖:"对得好!对得好!小店八刀分米粉,相公千里重金锺,望你此去金榜题名,也让老汉我高兴高兴!"说罢还送了些盘缠给书生。

据说,这书生果然中了状元,还特地回来拜谢面店老汉呢。

# 打扫粪便

**fèn 粪**

甲骨文

小篆

粪 隶书

粪 楷书

甲骨文的"粪"字是个会意字，字形的左上方三个小点像散布的粪便，左中部分像一只土簸箕，右上方便一只手拿着一把扫帚在清除那些粪便，在这些字形的下半部分是一双手高举着，这些字形合起来指"一手拿着簸箕，一手举着扫帚在打扫清除粪便及尘土之类的脏物。"

金文的字形省去了扫帚之类，显得较为简洁。小篆的字形又趋复杂化。楷书的字形由小篆演变而来，写作"糞"，变成了上下结构，由"米""田""共"三字组成。这三个字组合在一起，是否有田里产米，供人食用，然后排出粪便之意？这只能做推测了。现在已简化为"粪"。

"粪"字的本义指"扫除灰土脏物"，如在书面语中，将扫除称"粪除"。

"粪"字由本义引申指"大便、屎"，如屎和尿称"粪便"；用人和家畜、鸟类等的粪便做成的肥料称"粪肥"；积粪便的坑称"粪坑"，也称"茅坑"；粪便和泥土，称"粪土"，用来比喻不值钱的东西；还有粪筐、大粪、沤粪、化粪池等词。

"粪"字还引申指"施肥"，如粪田、粪地。

## 苏小妹妙解"牛粪"

这里讲个有关牛粪的故事，故事的主角是千古留名的北宋大文豪苏东坡，以及他才华出众的妹妹苏小妹。

苏东坡有没有妹妹？史书上只有"三苏"，即父亲苏洵和他的两个儿子苏东坡及苏辙，没提有个女儿苏小妹。但在民间传说中，苏小妹是个不可多得的才女，所以宁可信其有，不愿说其无。

传说中，苏东坡有位当和尚的好朋友名叫佛印。这位禅师学问高深，为人宽厚，常被苏东坡戏弄。在民间文学中，古代的公众人物也常常被"恶搞"。就拿苏东坡这位大文豪来说吧，有时他就成了个说脏话又爱玩恶作剧的老顽童。

据说，苏东坡常和佛印和尚一起参禅、打坐。这天打坐时，苏东坡问佛印："你看看我现在这个样子像什么？"佛印朝他端详了一番，很认真的说："我看你像尊佛。"苏东坡听了哈哈大笑，又问："你知道我看你坐在那儿像什么吗？"

佛印和尚听了这话，摸摸光头，回答不出。苏东坡笑得喘不过气来："我看你现在坐着的这个样子，就像一摊牛粪啊！"

苏东坡回家将这事说给苏小妹听，一边讲，一边笑得直不起腰来。

苏小妹听了，瞪了哥哥一眼，说："你笑什么呀，看把你乐的！就你这个悟性，还一本正经打坐参禅呢，你就算了吧。我问你，参禅的人最讲究的是什么？"

苏东坡老老实实回答道："参禅人是见心见性，你心中有什么，眼中就有什么。"

苏小妹说："那就是啰。佛印大和尚说看你像座佛，那就说明他心中有座佛。而你说佛印大和尚像堆牛粪，你那心里有的是什么啊！"

这一说，可把大文豪苏东坡问住了。

一字一世界

# 心怀盛怒气不平——愤

fèn
愤

"愤"字是个左右结构的形声字兼会意字，左边的竖心旁是形符，表示跟心理活动有关；右边的"贲"字读"bēn"，作声符并会意。这两个字形组合在一起，指"心怀盛怒，气不能平"。因心怀怒火，所以"愤"字用竖心旁作形符。

古人为什么用"贲"字作"愤"字的声符呢？

古代的"贲"字有"身怀珠宝金钱"之义，而多财宝的人常常财大气粗，盛气凌人，使周边的人有怒气而心不能平。"贲"字也有华美光彩及勇猛之义，这些都是令人妒忌的地方，使人愤愤不平，所以"愤"字用"贲"字作声符并会意。

楷书的"愤"字由小篆演变而来，写作"愤"。

"愤"字的本义指"发怒，愤愤不平"，如愤慨痛恨称"愤愤"，愤怒而激动称"愤激"，非常气愤称"愤怒"，气愤发怒的样子称"愤然"，悲痛愤怒称"悲愤"，激动而愤怒称"激愤"，感愤、公愤、民愤、义愤、怨愤、义愤填膺等都是发怒的意思。

"愤"字由本义引申指"因为不满意而感情激动"，如愤怒而痛恨称"愤恨"；愤恨或气愤不平称"愤慨"；气愤，一肚子不痛快称"愤懑（mèn）"；下定决心，振奋精神称"发愤"；泄愤、忧奋、愤世嫉俗等都是这一意思。

愤
小篆

愤
隶书

愤
楷书

## "发愤"和"立志"

苏轼是北宋文学家、书画家,号东坡居士,古往今来,人们都习惯称他为苏东坡。苏东坡少年时期,就心高气傲,一心要做世界上最有学问的人。他为了激励自己,在书房的门上贴了一副对联:

识遍天下字
读尽人间书

少年时的苏轼,已结交了不少志趣相投的朋友,他们常在苏轼的书房相聚,谈诗论文,互相鼓励,从没有人对房门上那副对联提出异议。这一天,有位长者慕名来访。他见这一群年轻人志高气昂,十分赞赏。但他盯着房门上那副对联,捻着胡须,沉思了好一会,没吱声。

众人将老者拥到上座,请他讲点治学经验。老者长叹一声:"书到用时方恨少,如今老了,提笔忘字,就连往日熟悉的这几个字也不识了。"

苏轼捧出纸笔道:"写来我们看看识不识!"

老者提笔,一连写了七八个字,在座的少年学子,面面相觑,没有一个认得的。老者莞尔一笑,道:"天下字是识不完的。世间书是读不尽的。学无止境啊!"

众人听了,沉默不语,少年苏轼一声不响,提笔重新写了副对联,贴到房门上:

发愤识遍天下字
立志读尽人间书

众人看了,都击掌叫好。上下联所加的"发愤"与"立志"二词,表达了自己的决心和志向,而不是空洞自傲的豪言壮语。特别是"发愤"的"愤"字,充分显示了他拼搏进取的意志和激情。这样一改,语气和气势就大不一样了。

# 装满东西很**丰**盛

fēng 丰

甲骨文
金文
小篆
豐 隶书
丰 楷书

说起"丰"字颇为复杂，得分头说起。

古代有个"丰"字，甲骨文的字形是象形字，像一棵茂盛的树，生长在土堆上。它与"封"字有关联。甲骨文的"封"字像用手将一棵树种植在土堆上，表示在这里堆土种树划分界线。后来这"丰"字发展为两类意思。就其树来说，有茂盛之义，此义用"丰"来表示；就其种树的目的来说，是为了确定界线，此义用"封"来表示，这便是"分封诸侯"了。后来取"丰"字的茂盛之义，作了"豐"字的简化字，它既可单用，也作偏旁，如沣、奉、邦、蚌等。

我们回过头来再讲"豐"。古代的"豐"字是象形字。甲骨文的字形像一个盛器，里面装满了东西，指丰盛、丰富。金文和小篆的字形略有简化。

也有人认为，"豐"字下半部的"豆"字是象形字，字形像古代高足食器，主要是盛肉食器。也有人认为，"豐"字中的两个"丰"字，应看作是两串玉，以此表示丰满之义。"豆"里盛的"玉"也罢，"肉"也罢，其本义都是指"财富的种类多、数量大"。

"豐"字简化为"丰"字后，草木茂盛这层意思淡化了，主要用于表示种类多，数量大，如丰产、丰富、丰厚、丰沛、丰收、丰裕、丰足、丰富多彩、丰衣足食；"丰"字由这本义引申指"容貌美丽、姿态好看"，如丰姿、丰采、丰韵、丰满、丰润等；"丰"字还用来形容高、大，如丰碑、丰功伟绩。

"丰"字也作姓氏用。

## 拆解"豐"字知丧事——丰

古时候，科学不发达，人们对天文地理、自然灾害、人体结构、生老病死的知识掌握得不多，凡遇到难以解决的事，往往乞求神灵保佑，以求逢凶化吉。这样，算命打卦、占卜测字，便成了平民百姓最常用的求救方式。这些人，往往能从测字先生那儿得到一点安慰，受到一点启示，但也很有可能被误导，变得丧失信心，放弃努力，听天由命，使结果变得更糟。

却说清朝末年，江西赣州有位读书人名叫马泰山。此人博览群书，记忆力惊人，但多次赶考，都没考中，只是个穷秀才而已。万般无奈，他便以测字为生，凭他的文字功底和口才，很快便成了测字名家，上门求测的人络绎不绝。

这天来了个求测的人。只见他愁眉苦脸，心事重重的样子。此人在赣州经商，刚接到家人报信，说远在福州老家的母亲病重要他赶快回去。临行前，他来测个字，看母亲的病是否好转。按测字规矩，求测者可以拈字而测也可自己写字或带着写好的字来测。

求测者说："让我拈个字吧。"

马泰山拿出装满卡片的布袋，让他摸个字。这人呵口气，擦擦双手，伸手从布袋里摸出个"豐"字，顿时喜上眉梢，认为这是吉祥字，便问："先生，以此字求占，我老母亲的病能治好么？"

马泰山缓缓说道："这'豐'字虽有丰盛丰满之义，但就字形来讲，对你不利。我只能就字测字，说出来你莫惊慌。依我看，你母亲已不在人世了。"

求测者忙问："先生何以下此论断？"

马泰山指着"豐"说："你看，这'豐'字中有座'山'，它是你母的归宿，她将葬于山丘，那儿是她的坟地。这'豐'字里有两个'丰'字，像是坟前两棵树。下面一个'豆'字，此乃古时祭丧用的器皿。坟墓既已选好，树木已经移栽，连祭器也备齐了，你母亲还在人世吗？"

此人一听，顿时泪流满面，丢下一些钱，哭哭啼啼地走了。

## 飞虫成群如风而过

fēng
风

甲骨文

金文

小篆

隶书

楷书

  甲骨文的"风"字是个象形字，状如凤凰，因为古代"凤"与"风"是同一个字。到了小篆时代，这才造了个"风"字，让"凤"字专指凤凰。"风"字专指因空气流动而引起的自然现象。

  小篆的"风"字外面是声符"凡"字，里面一个"虫"字。这"虫"跟风有什么关系呢？古人认为"风动虫生"，这就把"风"和"虫"联系在一起了。

  有人认为"风动虫生"，就是指由于风的吹动，百虫经孵化而出生。如若是寒风劲吹，该怎么说呢？这时万物凋零，百虫冻死，虫儿哪会出生呢？

  若把"风动虫生"，理解为大批虫儿飞过，无数小翅膀，掀动了四周的空气，产生的气流形成了风，这倒说得通。

  "风"字的用法很多，除了指空气流动，气压分布不均匀而产生的风之外，还指借风力作用，使东西干净或纯净，如风干、晒干风净，还有风鸡、风肉也有这层意思。因为风刮起来有较快的速度，这就是风行、风发。

  因为风四处流动，所以又含有消息、风声的意思，如闻风而动；由此又引申为传说的，没有根据的，如风闻、风言风语；此外，还有景象、风气的意思，如风景、风俗。

## 风月无边——风

　　山东的泰山，天下闻名。登过泰山的人，路过万仙楼北面，沿盘山路往西走的时候，就会发现那儿有一处摩崖石刻。石壁上刻有斗大的"虫二"两个字。猛地一看，叫人摸不着头脑。经知情人细细解释，原来这里有段故事。

　　这"虫二"两字，是清朝光绪二十五年（1899年），由历下才子刘延桂所题，请工匠刻在这儿的。何为"虫二"？原来这是个字谜。

　　繁写的"风"字为"風"，外框是个"凡"字，表示读音；里面是个"虫"字，表示这个字与虫有关。"二"是什么意思？二是"月"字里面的两横。这两个字，去掉外面的框框，便表示没有边框，如若说得文雅简洁些，就是"风月无边"。"風月"两字没有外框，就剩下"虫二"了。

　　对此，有人作了合乎情理的猜测：在一个风清月朗的中秋之夜，刘延桂曾在此登山赏月。山下朦胧一片，除了阵阵风吹松枝的响声，山下清凉幽静。这清风加明月的美景，令人感到大千世界，空旷得无边无际，为此，刘延桂深深感到，眼前景色真是"风月无边"啊。为让世人都能领略到这一美好，他在此刻了"虫二"两字。先令人生疑，继而深思，最终寻找到"风月无边"这四个字的意境。他这番提示，能使身临其境的每一个游客都能尽情享受大自然给予人们的恩赐。

# 头部疼痛——疯

"疯"字是后来出现的，在《说文解字》中查不到这个字。楷书繁体字写作"瘋"，如今简化为"疯"。

"疯"字是个左上包围结构的形声兼会意字，左上方的病字旁是形符，表示跟疾病有关，古代的病字旁是个象形字，字形像一张病床；里面的"风"字是声符，读"fēng"。这两个字形合在一起，指头部疼痛的病，有人说指的是"偏头痛"。

古人为什么用"风"字作"疯"字的声符呢？因为"风"来去很快，不可抗拒。疯病患者对此病也难以抗拒，一般会失去常态，所以"疯"字以"风"字作声符并会意。

"疯"字的本义指"头痛病，神经错乱，精神失常"，如严重精神病患者称"疯子"；精神受刺激而发生精神病状称"发疯"，也叫"疯癫"，一般用来比喻做事反常，也称"疯狂"；故意装成疯癫或比喻不近人情称"装疯"；颠三倒四的话，不合常理的话称为"疯话"；神经错乱、精神失常、入迷称之为"疯魔"；患狂犬病的狗称"疯狗"，也用来骂人。

"疯"字由本义引申指"轻狂、不稳重"，如那孩子可疯了。"疯"字也用来指没有约束的玩耍，如他跟几个孩子疯了一阵子。

"疯"字由本义引申指"农作物生长茂盛，但不结果实"，如疯长、疯枝、疯杈。

## 秦淮河畔说"疯"字

民国年间，南京夫子庙是个热闹场所。文德桥头有个测字名家胡铁嘴。这天，胡铁嘴正与人闲聊，跌跌撞撞地走来一个衣衫褴褛、胡子拉碴的老头。他裤脚管水淋淋的，也没等胡铁嘴招呼，就一屁股坐到凳子上，端起茶壶就喝。众人大惊，胡铁嘴摆摆手，轻声说："由他去！"这人拉着胡铁嘴的手，哭道："胡大哥，今日又没捞到哇！"

胡铁嘴安慰他几句，塞给他几个钱说："慢慢再找吧。你饿了，买个烧饼垫垫饥……"

老头接过钱，跌跌撞撞地走了。胡铁嘴望着他的背影，叹息道："可怜哪。有人说他是疯子，这病发一阵子就会好的。就像书上说的'范进中举'，高兴得发疯了，但被他老丈人一巴掌就打好了……"

这番话，引起胡铁嘴的一阵感慨。他习惯性地写了"痴"字、"癫"字、"痫"字，说："我翻过不少书，想弄懂这些字。这些字都跟人脑子有毛病相关，用现代新名词，称这些病叫神经病。唯独这'疯'字，我始终吃不准……"

旁边有人奉承道："您老人家都吃不准，莫非祖宗把这'疯'字造错了？"

胡铁嘴说："按字形说，这'疯'字外边是病壳子，当中是'风'字，这就是'中风致病'。什么病？疯病。"

听的人都说："对呀，当中不是'风'字嘛。"

胡铁嘴分析道："这'疯'字有矢发如疾风之意。疾风为大风、狂风，来得快，去得快。也指疯病突发，来得快，去得快……"

有人插嘴说："对呀，书上也这样说呀！"

胡铁嘴纠正道："邹疯子发病至今，十多年了，他病好了吗？没有啊。若是我测到这'疯'字，也说疯病像风一样，来得快去得快，你信吗？"

听的人都沉默不语，胡铁嘴也紧锁眉头，一脸无奈。

## 山的顶端——峰

fēng
峰

小篆的峰字是个上下结构的形声字兼会意字，上面的"山"字作形符，表示跟山有关；下面的"夆"字读"fēng"，作声符并会意。"山"字与"夆"字组合，指的是"顶端、最高处"，说得准确点是山的最尖端，也就是山的"尖顶"。

因为讲的是山的尖顶，所以古人用"山"字作"峰"字的形符。

古人为什么用"夆"字作"峰"字的声符呢？

古代的"夆"字是个上下结构的形声字兼会意字，上面是"夂"字，读zǐ。这是个象形字，像一只朝下的右脚，表示"到来"；而"止"字表示左脚，表示停止。因为人走路停止时大多落在左脚上。这儿的右脚指踏在分界线上封土种树，以作界线。表示在此相逢之意。后来因"加土"引申指有"丰厚"之意，"夆"字作了偏旁，成了逢、烽、蜂、锋、峰等字。因山高大厚实，古人就用"夆"字作"峰"字的声符，以突山峰的丰厚高耸。

楷书的字形由小篆演变而来，写作"峯"，后来此字被淘汰，以"峰"字作正体，成了个左右结构的形声字。

"峰"字的本义指"高而尖的山顶"，如山脉的最高峰称"主峰"，高峻的山峰称"峰嶂"，连绵不断的山峦（luán）称"峰峦"，顶峰也称"峰巅（diān）"，还有险峰、主峰、群峰等词。

"峰"字由本义引申指"样子像山峰的事物"，如：冰峰、洪峰、驼峰、波峰等。

峯 小篆
峰 隶书
峰 楷书

## 山登绝顶我为峰

　　林则徐（1785—1850）是鸦片战争时期清朝官员中禁烟派的代表人物。他是福建福州人，出身官僚地主家庭。1811年中进士，曾出任东河道总督、江苏巡抚、湖广总督。这时他已从"鸦片流毒中华"的灾难中看到了"贫民""弱种"的深远后患和"兵弱银涸"的统治危机，所以他力主严禁鸦片，并在汉口、长沙等地设禁烟局，限定禁烟者定期戒绝，此举很有成效。后来道光皇帝任命他为钦差大臣，赴广州禁烟。1839年3月，他到达广州，在广大人民支持下，在虎门销毁了大批鸦片，这也引发了震惊中外的鸦片战争。

　　林则徐为何能有这等救国救民，赤胆忠心，舍身忘死的英雄气概？这与他所受的教育和一生的追求分不开。

　　据史记载，林则徐十三岁时考中秀才，他小小年纪，便离别父母，到当时福建最高学府鳌峰学院求学。上学时，他常常苦读到深夜，还曾效法古人悬梁刺股，以便学到更多的知识。古人爱国爱民、光明磊落、廉洁奉公、威武不屈等优秀品德铸就了林则徐的志向和性格。

　　有一天，书院的先生带学生们到福州鼓山游玩。鼓山在城外东郊闽江北岸，山高969米，是著名风景区。师生们登上山顶后，极目远眺，只见群峰踏在脚下，闽江如同一条绸带般绕城而过。远处的东海茫茫一片，水天相连，景色壮丽，令人陶醉。

　　书院的先生见此情景，以"山海"二字叫每个学生当场各做一对儿七言联句。

　　林则徐攀上最高处，望着山峰与远海，不由心潮澎湃，他率先成句，对着群山与大海高声朗诵道：

　　　　海到无边天作岸，
　　　　山登绝顶我为峰。

　　好一个"山登绝顶我为峰"！少年林则徐这即兴之作，气势磅礴，充分表现了他胸怀天下，顶天立地的英雄气概，所以日后才能做出惊天动地的大事业来。

一字一世界

173

# 燃烧火把发警报——烽

fēng
烽

小篆
烽
隶书
烽
楷书

　　古代的"烽"字是个左右结构的形声字兼会意字，左边的"火"字作形符，表示跟火有关；右边的"夆"字读"fēng"，作声符并会意。"夆"字与"火"字组合，指"燃烧火把发出警报"。因是指燃烧火把，这跟火有关，所以古人用"火"字作"烽"字的形符。

　　古人为什么用"夆"字作"烽"字的声符呢？

　　金文的"夆"字是个会意字，上面的"夂"字读"zhǐ"像一只朝下的右脚，表示"到来"，泛指行动。在这儿指行军打仗。"夆"字下面的"丰"字表示草木长得茂盛。在这儿指一束草。古时边防线上，士兵们把草绑在长木棍的一端，敌人来了，就把草点燃，发出火光和烟来报警。从这个意义上说，"夆"字是"烽"字的本字，是最早的"烽"字，所以古人用"夆"字作"烽"字的声符并会意。

　　也有人认为，古人之所以将"夆"字作"烽"字的声符，是把"夆"字作为"逢"字的简省写法，指"逢"到敌人来了，士兵就点火报警。此说绕了个弯子，可能说得远了。

　　隶变后的楷书写作"烽"。"烽"字的本义指"烽火"，"烽火"指古时边防报警点燃的烟火，也称"烽烟"，也用来借指战火或战争，如烽火连天。

　　古时遇敌人来犯，边防人员点烟火报警，夜里点的火叫"烽火"；白天放在烟叫"烽燧（fēng suì）"；边疆地带，每隔一段地方，就在高处建筑高台，以便放报警烟火，这种高台称"烽火台"。

## 烽火戏诸侯

周朝分西周和东周。西周最后一个天子是周幽王。这是个不理朝政、荒淫无耻、只知吃喝玩乐的昏君。有位大臣名叫褒珦（bāo xiàng），对他好言相劝，要他关心百姓，治理好国家，周幽王充耳不闻，反而把褒珦关进大牢，囚禁起来。褒珦的家人只好投周幽王所好，到民间挑了位美貌姑娘，给她起名褒姒（sì），找专人培训，教她唱歌跳舞，将她打扮得花儿一般，三年后，将她献给周幽王，算是给褒珦赎罪。

周幽王得到褒姒，如获至宝，宠爱有加，他立即放了褒珦，整日和褒姒厮守在一起。

不久，褒姒思乡心切，愁眉不展。周幽王为博得美人欢心，赏千金（即今日的铜）找让褒美人一笑的妙法。有个叫名虢（guó）石父的大臣献策道："咱们将设在骊山一带的烽火台点燃起来，邻近的诸侯看到了火光，准会发兵来救，大王您和娘娘到骊山去游玩时，看到烽火台一片火光，诸侯们匆匆赶来，发觉是上当受骗了，一个个又懊丧而去，这多有趣呀，娘娘肯定会大笑啊。"

周幽王一听，点头称是，立即传令，照此办理。果然，各地诸侯见烽火台大火冲天，以为西戎兵马入侵，赶来救援。但到了烽火台下，只见幽王与褒姒哈哈大笑，都恨恨而回。

后来，这种恶作剧，周幽王又玩过几次，诸侯们习以为常了。

时隔不久，西戎真的发兵杀奔而来，守关的士兵立即点燃烽火台，但邻近的诸侯以为又是幽王在戏弄他们，目的是逗褒姒一笑，也就按兵不动，不去救他了。周幽王成了刀下鬼，褒姒也成了战利品，后来，诸侯兵马赶到，这才打退西戎兵，立周幽王的儿子继位为天子，这便是周平王。公元前770年，周朝由镐（hào）京迁到洛邑。即由今日的西安迁到河南洛阳。因为镐京在西边，洛邑在东边，所以历史上把周朝在镐京时为国都的这三百多年称为西周；迁都到洛邑以后的五百多年称为东周，其分界线是公元前770年。这烽火戏诸侯的故事就发生在这一年。

# 用刺蜇人的昆虫——蜂

小篆的"蜂"字原先是个上下结构的形声字兼会意字,上面是"逢"字读"féng";下面是两个并排的"虫"字,两个并排的"虫"字作形符,表示跟昆虫之类有关。小篆的"蜂"字上面写作"逢",作声符并会意。

"逢"字与两个"虫"字组合,指"会用刺蜇人的昆虫"。古代的"虫"字是虫类的总称。两个"虫"字并排指虫子众多。蜂喜欢群居,成千上万聚在一起,所以古人用"虫"字作"蜂"字的形符。

古人为什么用"逢"字作"蜂"字的声符呢?

"逢"字有走路相遇之义,而人们碰到会蜇人的蜂往往是在行走时无意之中碰上的,所以古人用"逢"字作"蜂"字的声符并会意。

楷书的字形由小篆演变而来,写作"蠭",变成了左右结构的形声字兼会意字。左边的"虫"字作形符,右边的"夆"字是"逢"字简省写法作声符。"蜂"字的本义指"有毒刺会飞会蜇人的昆虫",如马蜂、蜂巢、蜂王、蜂窝、蜂箱、工蜂、蜜蜂、养蜂、雄蜂、雌蜂、黄蜂等。

"蜂"字由本义引申特指"蜜蜂",如蜂乳、蜂蜜、蜂皇精、蜂皇浆、蜂蜡等。"蜂"字用来比喻成群的,如蜂拥、蜂起、蜂聚等。

## 养蜂人讲"蜂蜜"

这里讲个跟蜂蜜相关的故事。

从秦始皇开始,到清朝末代皇帝溥仪,在这两千多年的封建社会历史中,中国共有近五百个皇帝登上历史舞台。在这五百多个皇帝中,真正是贫苦农民出身,当上皇帝且大有作为的,当数明太祖朱元璋了。

朱元璋当皇帝做过不少错事,被后世口诛笔伐,招人愤恨。但他也做过不少好事。他在位三十年,对社会发展起到了推动作用。

朱元璋儿时放过牛,年轻时当过和尚种过田,他对农业生产很熟悉。有一年春天,朱元璋微服私访,出了京城,来到乡间一片油菜田边。他看到一对养蜂夫妇在搬运蜂箱,便上前关心地问:"你二人养多少箱蜂呀?"

中年汉子答道:"不多,整整二十箱。"

朱元璋对养蜂也略知一二。他问养蜂人:"每年割多少蜜呀?"养蜂人答道:"春夏两季,百花盛开,蜂儿酿蜜又快又多,每月可割一次。到得秋风起,黄叶落,花儿谢,蜂儿采蜜酿蜜很不易,我割蜜的次数就少之又少,而且每次只割十之二三,留下十之七八,这样蜜蜂就有剩蜜可吃,冬天就不至于饿死,第二年蜂多且又健壮,春夏就可多养蜂多采蜜了。"

朱元璋侧耳细听,不时点头。养蜂女子插话道:"初养蜂的人不知个中厉害,春夏拼命割蜜,秋后又割个不停,剩下一点哪够蜜蜂吃呢?不少蜜蜂熬不过冬就饿死了。今年割到了蜜,但来年就割不到了。到那时,天老爷也帮不了你啊。"

朱元璋听了,心里默默地想,此话有理呀。百姓犹如这蜂蜜,须让他们休养生息,不能竭泽而渔啊。寡人现为一国之君,应将这养蜂之术化为养民之道啊。

# 马蹄声疾——冯

féng 冯

金文
小篆
馮 隶书
冯 楷书

小篆的"冯"字，是个形声兼会意字，左边是两点"冫"，表示读音；右边是"马"字，属形旁，表示这个字与马有关。

先说右边的"马"字，马的特点是奔跑得快，用在这儿，就是表示马儿正疾驰而过；左边的两点水，在古代读作"bīng"，它的形状像水在寒冷的冬天结成冰，有两道条纹，它的本义是指"水冻结成冰"，也就是后来的"冰"字。凡两点水作偏旁的字，都与冰冻严寒有关，如冷、凛、冽、凌。在这里，我们不详谈两点水的字义，而是要突出它的读音bīng。

马疾驰而过，马蹄发出"bīng""bīng"的响声，这就是"冯"的本义。所以古代的"冯"字通"朋"和"凭"，读音相同。

马蹄声雄壮有力，所以"冯"字有盛大强盛的意思。

"冯"既有盛大强盛的意思，所以又引申为欺凌别人的意思。

马蹄声"bīng""bīng"作响，很能发泄人心中的愤怒，所以"冯"字又有愤怒烦闷的意思。

"冯"字还有其他一些含义，但现在人们大都不用了。人们用得最多最熟悉的是作为百家姓中的一姓——"冯"。

冯还读píng，徒步过水的意思，如不敢冯河。

## 梦中骑马——冯

东晋时期,襄阳有个文化人叫董丰。董丰在外游学三年,这年年底才回家。当天晚上,他和妻子刚睡下,突然有一个蒙面人跳窗而入,一刀将他妻子砍死,然后又跳窗而逃,消失在夜幕中。

董丰从背影看去,这人像昔日的一位同窗,但又不敢肯定。

第二天,妻子的哥哥知道了这件事,一口咬定是董丰干的,并将董丰送进了官府。董丰因不能忍受毒打逼供,又不敢说出嫌疑人,只得承认自己杀了妻子。结果被判死罪。

就在董丰等候问斩的时候,司隶校尉符融恰好下来巡视,发现董丰这个案子存在不少破绽,就将他从大牢中提了出来,问他在回来的途中,遇到什么怪异的事情没有。

董丰想了个办法,说出了自己怀疑的人的姓。他回答说:"我在准备回家探亲之前,曾做过一个梦。梦里我骑着一匹马往家赶。路上遇上风雪,地上结冰,马失前蹄,把我摔得鼻青脸肿。后来我找算命的测过这个梦,算命的说我恐怕会卷入一桩案子里。"

符融听了,点头说道:"我知道了,你是冤枉的。'马'和'冰'连在一起,是个'冯'字,看来这杀人凶手姓'冯'。"

后来,符融派人把同村姓冯的人找来提审,果然是这人做的案。

从故事情节看,董丰是有意编造梦境的。因为他已看出蒙面人姓冯了,只是不敢说罢了。

符融依董丰说的梦境来破案,就有点荒唐了,在此,只能当文字游戏来看待。

宋·蔡襄《三希堂法帖》

明·董其昌《三希堂法帖》

# 行走中彼此相遇——逢

féng
逢

行 甲骨文

逢 金文

逢 小篆

逢 隶书

逢 楷书

　　小篆的"逢"字是个左下包围结构的形声字兼会意字，左下方的"走之旁"是"辵"字，作形符，这个字读"chuò"，指"在大街上行走"，作偏旁用时写作"走之旁"；右上方的"夆"字读"féng"，作声符并会意。"夆"字与"走之旁"组合，指"走在路上彼此相遇"。因指的是行走中相遇，所以古人用"走之旁"作"逢"字的形符。

　　古人为什么用"夆"字作"逢"字的声符呢？

　　金文的"夆"字是个上下结构的形声字兼会意字。上面的"夂"字读"zhǐ"，这是个象形字，像一只朝下的右脚，表示到来，跟表示左脚的"止"字正巧相反；"夆"字下面的"丰"字作声符，读"fēng"；"夂"与"丰"组合指"迎头相遇"。可见"夆"字是"逢"字的本字，是最早的"逢"字。由于"夆"字作了偏旁，古人就在左下方加"走之旁"，成了"逢"。正因为此，古人才用"夆"字作"逢"字的声符并会意。

　　小篆的字形由甲骨文演变而来，写作"行"。

　　"逢"字的本义指"碰上、遇见"，如相逢、逢集、每逢、久别重逢、千载难逢、枯木逢春、绝处缝生、棋逢对手、狭路相逢、萍水相逢。

　　"逢"字由本义引申指"迎合、讨好"，如曲意逢迎，阿谀逢迎、逢场作戏。

## 婚姻大事，碰巧而成——逢

　　徐老太太当年称徐小姐，二十多了，还没找到婆家。有一天，她独自一人到夫子庙找一位测字先生，测测婚姻大事。测字先生问她测个什么字。她识字不多，只识"人手足刀尺大小上下"几个字，就说："测个'大'字吧。"测字先生立马回答："'大'字拆开是'一人'，你还得一个人过日子。"

　　过了几年的徐大姐，又到夫子庙去找测字先生。这次她吸取教训，按测字先生的要求，从布口袋里摸字。她摸出个"逢"字，求测婚姻大事。

　　测字先生也不管眼前这位大小姐是否识字，写了个"逢"字说："这'逢'字左边是走之旁，表示走路，就是说你的婚姻大事，要边走边找。虽说有父母之命，媒妁之言，哪及得上自己看中的人呢。现在时兴自由恋爱，反对包办婚姻，自己找嘛！这'逢'字本身就有碰巧遇到的意思，也就是说，你未来的丈夫，是你碰巧遇到的。"

　　徐大姐问："我什么时候才能碰巧呢？"

　　测字先生道："这'逢'字上面是'冬'字头，也是'夏'字尾，从今年冬天算起，到明年夏天末尾，你肯定能逢到你未来的丈夫。"

　　徐大姐不放心，问："是个什么样的人呢？"

　　测字先生说："这'逢'字下面是'丰'字，表示三串钱，那肯定是大富翁啰。还有这'丰'字指三十，这大富翁年龄30岁。"

　　徐大姐听了，半信半疑。这年夏末一个雷暴雨的夜晚，徐大姐赶路，跌倒在雨地里。有位好心的过路人将她扶上一辆三轮车，将她送回家。这巧遇的三轮车夫，就是她如今的老公。当年因为年满三十还没找到对象。

　　对这段事，儿孙们都当笑话听，但徐老太太断言，夏天碰到三十岁的三轮车夫是测准了。

féng
缝

# 用针线连缀衣料——缝

"缝"字是个左右结构的形声字兼会意字，左边的"绞丝旁"作形符，表示跟细丝或线有关；右边是"逢"字，读"féng"，作声符并会意。"绞丝旁"和"逢"字组合，指"用针和丝或线将做衣服的布帛等衣料连缀（zhuì）在一起"，即"用线缝合在一起"。因是指用丝或线缝合在一起，这跟丝或线有关，所以古人用"绞丝旁"作"缝"字的形符。

古人为什么用"逢"字作"缝"字的声符呢？

甲骨文的"逢"字是个左下包围结构的形声字兼会意字，由"走之旁"和"夆"字组成。"走之旁"就是"辵"，读chuò，表示在大街上行走；"夆"字在金文中是个会意字，本义为"迎头相遇"；这两个字形组合在一起，表示走路时相遇。"逢"字的本义指"相遇"。做衣服时，用针线把衣料连缀在一起亦有"相遇相合"的意味，所以古人用"逢"字作"缝"字的声符。

楷书的字形由小篆演变而来，写作"縫"，现简化为"缝"。

"缝"字的本义指"缝合连缀"，也就是用线缝合。用特制的针和线把伤口缝上称"缝合"，旧时贫困妇女代人缝补衣服谋生称"缝穷"，做衣服的工人称"裁缝"，设法弥补漏洞、掩盖缺陷、不让人发觉称"弥缝"。

"缝"字是个多音字，读作"fèng"时，指"裂开的狭长的口子"，如缝隙、裂缝、眯缝、天衣无缝。"缝"字还引申指"接合的地方"，两张纸的交接处称"骑缝"。

縫
小 篆

縫
隶 书

缝
楷 书

## "缝"和"天衣无缝"

成语"天衣无缝",指诗文浑然天成,没有雕琢的痕迹;也用来比喻十分严密,毫无破绽。

说起这一成语的出典,有段民间传奇故事。

距今一千一百多年的五代时期,有个前蜀王朝。前蜀有位文士名叫牛峤,这人写了本书叫《灵怪录》,记的都是神仙鬼怪故事,其中有一篇写得很出色。

却说有个名叫郭翰的年轻人,继承父业,以给人裁剪衣服为生。他手艺巧,在当地颇有名气。在一个夏天的深夜,屋里实在闷热,郭翰独自一人,搬了张躺椅,到院子里乘凉。他刚想躺下睡会儿,只见树梢上飘飘荡荡,落下个衣着华丽的美女来。郭翰惊呆了,恍如做梦一般,再细看,这美女就站在他身旁,身上穿的衣服光彩夺目、熠(yì)熠生辉。他一下子醒悟过来,眼前这美女肯定是天上的仙女。他忍不住问道:"你莫不是仙女下凡?"

美女回应道:"小女子是天庭织女,趁着夜深人静,到人间散散心,没料想惊动了公子。"

郭翰是裁缝出身,对任何衣裳他都感兴趣,现在见仙女衣裳闪闪发亮,不知用什么衣料制成的。最为奇特的是,她身上的衣裳竟看不出一丝线缝,似乎是浑然天成。他追问道:"在下是以缝衣为生的,敢问仙姑,你这衣裳,是如何裁剪,又是如何缝制的?"

仙女答道:"此乃天衣,不用剪刀裁剪,也不用针和线缝制,此乃天衣,故而无缝!"说罢,双脚一蹬,摆动长袖,飘然而去,消失在万里星空……

这个故事传开去,有人将仙女说的"此乃天衣,故而无缝"紧缩成"天衣无缝",作为成语流传下来,以此比喻做事干净利索,没一点儿破绽或遗漏;也用来形容工巧自然,毫无雕琢痕迹,比喻事物完美无缺。这儿的"缝"字,指缝隙、不严密之处。

fèng
凤

甲骨文

金文

小篆

隶书

楷书

## 凡鸟是凤凰

小篆的"凤"字由两部分组成。里面是凤的形状，头上有一撮美丽的冠毛，这就是凤头，中间是身段，后面是凤尾，下面是凤爪。其实这就是我们今天所能看到的孔雀，它是"凤"的形。外面罩着个大的"凡"字，这是"凤"的声。因此，"凤"是个形声字。

"风"和"凤"的外面为什么罩着"凡"字呢？据说，古人认为最能表示风向的是船上的风帆，他们就把四角形的船帆加上"虫"字造出"风"字，加上"鸟"字造出"凤"字。

因为"凤凰"是神鸟，是鸟中之王，所以"凤"字成为与帝王相匹配的皇后的象征。如果说帝王是"龙"，皇后是"凤"，这也就构成了中国所特有的"龙凤"文化。皇后戴的是"凤冠"，插的是"凤钗"，住的是"凤阁"，乘的是"凤辇"，又把高尚的道德称为"凤德"，美丽的文辞称为"凤藻"，文才荟萃之地称为"凤穴"。又因为"凤"极为罕见，所以把稀少而珍贵的事物称为"凤毛麟角"。

宋·苏轼《三希堂法帖》

元·赵子昂《行书千字文》

## 凤字拆开是"凡"鸟

这里讲个"凤字拆开是凡鸟"的文字故事。

西晋时期，有位名士叫吕安，同"竹林七贤"之一的嵇康交情非常好。

一天，吕安去拜访嵇康，恰巧嵇康不在家，嵇康的弟弟嵇喜出面接待他。

嵇喜才学平庸，但总自以为是，所以吕安一直瞧不起他。他见嵇康不在，就当着嵇喜的面，在门板上写了个"凤"字，然后甩手而去。

嵇康回来后，嵇喜得意洋洋地把吕安写的字指给他看，认为吕安称赞自己是"人中之凤"。

嵇康看了，冷笑一声说："美什么？'凤'字拆开是凡鸟，他是在取笑你是凡鸟呢！"

## 三只手捧着物品——奉

金文的"奉"字，中间是个"半"字，表示读音；下部左右是两只手，像双手高高举起，在接受或承受物品，所以"奉"字的本义是"承受、接受"，如奉命、奉行。

后来，小篆的"奉"字在两只手中间加了一只手，用来增强"承受"的意义，三只手捧着物品，显得多么恭敬啊。所以"奉"字又是个敬辞，如奉劝、奉陪、奉候等，都含有敬意。

"奉"，也是一个姓。"奉"字简化后，三只手变成了两横一竖，成了如今的形状。有人在写"奉"字时，往往会在下面写成三横一竖，那就是错字了。

汉砖欣赏

## 三人骑牛少只角——奉

对"奉"字,有一则"三人骑牛少只角"的字谜故事。

一天,三个孩子在河边一边放牛,一边读书。当中有头牛少了一只角,其中一个孩子触景生情,说:"我出个谜语你们猜猜。"

大家说:"要跟我们放牛有关。"这孩子说:"那当然。我们三个人,骑着一头少了一只角的牛,猜一个字。"

两个小伙伴嘴里念叨道:"三人骑牛少只角,这是个什么字呢?"

在这儿,我即使不说,大家也知道了。

# 修行圆满人成佛

小篆的"佛"字是个左右结构的形声字,"佛"字的左边是"单人旁",表明这个字与人有关;它的右边是读音弗(fó),有时读成"fú"。

"佛"字的本义指"功德圆满,超度成佛的人",如立地成佛。

"佛"字,作为名词,指佛陀的简称,也是佛教徒所称的佛号或念佛的佛经,如念佛。

"佛"字,主要指佛教,如佛家、佛寺、佛宅、佛法、佛门、佛像。

"佛"字中的单人旁很有意思。它似乎告诉人们,"佛"也是人变成的。

有人戏言,一心想成佛,是绝对成不了的,所以"佛"的左边不能用竖心旁。光讲空话,不做实事也成不了佛,所以"佛"字也不用"言"字旁。只有真正做一个好人,才能成"佛",所以"佛"字一定要用人字旁。事实上,字典上有"拂""佛""绋",也有表示忧愁或愤怒的"怫"。

还有人说,"佛"字的右边是"弗",是由"弓"和一撇一竖组成。"弓"字弯弯曲曲,比喻从凡间到极乐世界的路不是平坦的,成佛需要经过无数的磨难才能脱离生死苦海,才能到达彼岸的极乐世界。而那一竖表示正,那一撇表示邪。这就是说,穿"弓"而过的不论是正人、邪人、善人、恶人,只要能弃邪归正,弃恶从善,均可成佛。

佛还读"fú",如仿佛。

## 和尚的老祖宗——佛

宋朝名将狄青在没成名之前,家境十分贫寒,只能靠背着弓箭到山里打猎为生。

山里有座寺庙,庙里的和尚都是势利眼,常常说他杀生冒犯了佛祖,结伙抢他的猎物。

有一年的元宵节闹花灯,老百姓自发在寺庙里办起了灯谜会,狄青看见和尚们也挤在人群里看热闹,便心生一计,飞快地写下一条谜面挂在墙上:"一人身背一张弓,两支箭儿穿当中。有人问我名和姓,我是和尚老祖宗。"

和尚们看了,不由勃然大怒,拖着狄青要去见官,旁边围观的人也都纷纷数落狄青出言不逊。

狄青却不慌不忙地说:"这是个字谜,不信听我解给你们看。人加弓,弓里再穿二竖,不正是'佛'字吗?佛是和尚的祖宗,难道我说错了吗?"

众人一听,恍然大悟,都连声称妙,只有那些和尚,气得白眼直翻,灰溜溜地走开了。

## 口中说不——否

**fǒu 否**

金文

小篆

否 隶书

否 楷书

  金文和小篆的"否"字是一个上下结构的会意兼形声字,下面是"口",上面是"不",口表示与用嘴说有关。"不"也兼表字音。它的本义是表示"不然""不是这样"。
  "否"是一个多音字,表示本义时它读作"fǒu"。人们常用"否"表示不同意别人的说法,如这方法好吗?否。
  由"否"组成的词语中,如否定、否决、否认中的"否"就是不同意的意思。
  "否"也用于能否、可否、是否中。
  "否"还用在疑问句句末,构成是非问句,这在古代汉语中用得较多,如汝知之否?
  "否"也读作"pǐ",表示闭塞、阻隔不通,如否塞。"否"读这个音的时候,也有困厄、不顺的意思,如否极泰来。

唐·虞世南《孔子庙堂碑》

南朝宋《爨龙颜碑》

宋·米芾《草书帖》

## 买杏和买否

关于"否"字,有这么一则"买杏和买否"的笑话故事。

明朝万历年间,河北保定有个人想吃杏,可是当地偏偏又买不到,只好修书一封,托外地的朋友购买。

朋友接到信,横看竖看看不明白。原来,此人写字龙飞凤舞,极难辨认,尤其是这个"杏"字,上面一竖没出头,看上去同"否"字一样。

这位朋友做事很认真,他虽然不明所以,但还是四处打听,哪里有卖"否"的,结果一无所获。后来实在没办法,只得揣测其意,买了一筐杏寄去,并附诗一首:"兄长来信要买'否',急得小弟满街走。买了一筐小黄杏,不知是'否'不是'否'?"

## 束发加冠大丈夫

fū 夫

在甲骨文和小篆中,"夫"字是个象形字,像一个正面站立的人,在这个人的头部加一横,表示用簪子将头发扎起来。束发加冠就是男子汉大丈夫,"夫"的本义是表示成年男子。

与"夫"组成的词语有夫妻、夫妇、姐夫、夫子、工夫、功夫、农夫等。

"夫"字在古文中常当作感叹词用,如逝者如斯夫。

甲骨文

金文

小篆

隶书

楷书

秦《琅邪台刻石》

东晋·王羲之《澄清堂帖》

唐·孙过庭《草书千字文》

汉《曹全碑》

明·王铎《拟山园帖》

# 乾隆说"夫"字

关于"夫"字，民间流传一则乾隆说"夫"字的故事。

相传乾隆皇帝下江南时，见一农夫扛着锄头走过，便问跟随一旁的大臣纪晓岚："这是什么人？"纪晓岚说："是个农夫。"

乾隆又问："农夫的夫字如何写？"

纪晓岚用手一笔一画地说："农夫的夫字是先两横，再一撇，一捺。轿夫之夫、夫妻之夫、匹夫之夫、孔夫子之夫，都是这么写。"

乾隆听了哈哈一笑："不妥，不妥。你未说出其中妙处。"

纪晓岚连忙奏道："臣才疏学浅，还望圣上指点。"

乾隆一字一句说道："农夫是刨土之人，故上写土字，下加人字。轿夫是肩上抬竿之人，故先写人字，再加上两根竿子。夫妻是两个人，故先写二字，后加人字。匹夫是指大丈夫，故先写个大字，再加一横。孔夫子是圣人，上知天文，下知地理，这个夫字便是天字出头。你以为如何？"

纪晓岚明知乾隆在戏说"夫"字，但不敢点破，连声附和："是！是！这夫字用法不同，写法应有区别，不能混为一谈。圣上高明！圣上高明！"

一字一世界